U0920241

世界上最伟大的推销员

汪迪／编著

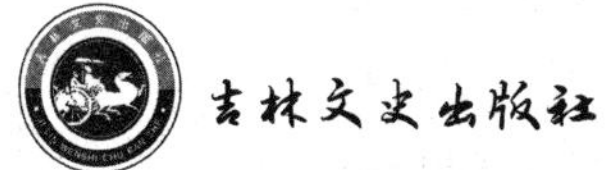

图书在版编目（CIP）数据

世界上最伟大的推销员 / 汪迪编著 . -- 长春 : 吉林文史出版社，2018.12

ISBN 978-7-5472-5734-0

Ⅰ . ① 世… Ⅱ . ① 汪… Ⅲ . ① 推销 - 基本知识 Ⅳ . ① F713.3

中国版本图书馆 CIP 数据核字 (2018) 第 277718 号

世界上最伟大的推销员
SHIJIESHANGZUIWEIDADETUIXIAOYUAN

编　　著　汪　迪
责任编辑　张雅婷
封面设计　末末美书
出版发行　吉林文史出版社有限责任公司
地　　址　长春市福祉大路出版集团 A 座
电　　话　0431-81629353
网　　址　www.jlws.com.cn
印　　刷　三河刚利印务有限公司
开　　本　880 毫米 × 1230 毫米　1/32 开
印　　张　8
字　　数　186 千
版　　次　2019 年 8 月第 1 版　　2019 年 8 月第 1 次印刷
定　　价　36.80 元
书　　号　ISBN 978-7-5472-5734-0

前 言

推销是一门科学，也是一门艺术。或许一个微笑，你就可以打动客户的心；或许一句赞美，你就可以和客户成为朋友；抑或是一句巧妙的话，你就可以引爆客户的购买欲望，打消客户的戒备心理……

可这并不代表着推销就是一件容易的事情，推销员就可以轻轻松松地拿下订单，获得成功，从而走向人生的巅峰。如果谁要是这样想的话，那么等待他的只能是客户的一次次拒绝，成交的一次次失败，以及悲惨的人生了。

事实上，想要成为一个伟大的推销员，你需要具备很多条件：信心、口才、人脉、技能、技巧、机会等等。而这些，似乎每一个都不可或缺。

为了让梦想成功的推销员找到成交的秘诀，我们推出了这本《世界上最伟大的推销员》，其内容全面、案例生动、方法实用，让读者一册在手，即可轻松赢得推销的成功。

我们在“世界上最伟大的推销员”部分精选了全球“销售之冠”乔·吉拉德、日本“推销之神”原一平、20 世纪“推销宗师”法兰克·贝特格等世界顶尖级的推销大师的推销经验、人生智慧和成功之道。

分享推销高手的成交秘诀，学习伟大推销员的经验和技巧，你就可以找到方向和方法，努力成为一名出色的推销员。

在这里，神奇的推销大师原一平教给你发现客户、留住客户的秘诀。他告诉我们，发现客户、赢得客户只是第一步，管理好客户资源，让老客户为你开发新客户才是伟大的推销员应该掌握的基本功。

被吉尼斯世界纪录誉为“世界上最伟大的推销员”的乔·吉拉德，他告诉每一个推销员：“If I can do it,you can!”他教会了我们如何把任何东西卖给任何人。

法兰克·贝特格对工作始终充满了热情，他告诉每一个推销员，“我见到许多人，由于对工作抱着热情的态度，使他们的收入成倍地增加起来。我也见到另一些人，由于缺乏热情而走投无路。我深信，唯有热情的态度，才是成功推销的最重要因素”。

美国金牌推销员乔·库尔曼，他告诉每一个推销员，面对客户的拒绝，做好心理准备，不要灰心丧气。因为任何人在不明白是怎么回事的情况下，都不会买你的产品。

……

这些伟大的推销员在从事推销时所具备的心态、修养、习惯、方法、技巧等，给广大的推销员提供了良好的参考范本，为他们提升个人的修养和素质，改进推销的习惯和方法，迅速提升推销能力和业绩，更好地完善和成就自我提供了极为宝贵的指导和帮助。

如果你曾立志成为一名优秀的推销员，却始终没有找到好的办法，不妨读读这本书，因为它会告诉你：推销虽不容易，但也并非是异常困难的事情。只要你学习这些大师的成功经验，掌握了其中的技巧，并且进行自我修炼，那么总有办法拿下订单，并获得成功。

目录

content

第三章
想要拉近客户关系，攻心真的很重要

第四章
创造有说服力的声音，拨动客户的心弦

第五章
引爆客户的购买欲望——永久销售的秘密

第八章 聊出产品的卖点，满足客户的需求

第九章 所有成交的秘诀，有一半都在说话里

第一章

Chapter 1

推销自己，第一眼就让客户接纳你

1. 学会推销，要先学会推销自己

很多人都希望自己有高档住房、名牌汽车，但这都需要钱。钱，怎样才能更快、更多地赚到呢？据统计：80% 以上的富翁都曾做过推销人员。美国管理大师彼得·杜拉克曾经说过：“未来的总经理，有 99% 将从推销人员中产生。”

世界著名的华人富豪，如李嘉诚、蔡万霖、王永庆等，他们都是从做推销员起步的。他们以有限的学历，不辞辛苦地通过推销积累经验，累积本钱，终于成就了自己的事业。李嘉诚推销钟表、铁桶，从中学到了做事业的诀窍；王永庆卖米起家，利用其灵活的经营手段，成就其塑胶王国；蔡万霖与其兄蔡成春从卖酱油起家做成世界十大富商……

只要你会卖东西，你就能赚到钱；而且卖得越多，赚得就越多。在日常生活中，买卖随时随地都在进行。钱从这个人的口袋里流出，流进了那个人的腰包；然后又从那个人的腰包流出，流进了另一个人的口袋。你只要设法让钱流进你的口袋，你就成功了。

一个乡下人去上海打工，向不见泥土而又爱花的上海人兜售含有沙子和树叶的泥土做“花盆土”，结果赚了大钱。美国罗氏公司的创办人艾德·罗把沙土和锯屑放在纸袋里，在袋子上写着：“猫儿厕，能除湿去臭，问你的猫儿就知道。”结果创造了 25 亿美元的销售额。

由此可见，要想取得事业的成功离不开推销，要想实现自我价值也离不开推销。推销是我们生存在这个世界上所必须具备的能力。

在这里，你应该明白：你就是推销人员，无论是生活还是工作的需要，你都要不断地把自己推销给亲友、同事或上司，以博得他人的好感，争取友谊、合作或升迁。因为你无时无刻不在推销，即使你不是推销人员，但你仍在推销，而且推销将伴随你的一生。

推销无时无刻不在发生，当美国举行总统大选时，候选人以自己的执政纲领、言谈举止等通过新闻媒体，将自己推销给全体选民；当微软将推出自己的视窗操作系统时，是将自己作为未来世界的标准推销；当张朝阳提出“注意力经济”的理念时，是将“搜狐”推销给上网者及公众；当周杰伦在各地巡回演出时，是把自己的形象和音乐推销给众多的歌迷……

因此，我们每一个人都在进行推销，无论你是三岁顽童，还是八旬老翁；无论你是政治家、歌星、艺术家、商人还是普通老百姓，都需要推销。

而我们不管推销什么，实际上都需要先推销自己。总统的竞选班子，实质上就是一个推销总统的班子；教授需要推销，教授的每一次著书立说，实质上就是一次推销行动，推销自己的思想，传播自己的理念；学生也需要推销，无论是博士、硕士还是大学生，在进入社会后，你怎样把你的才华，把你最美好的一面，展示在招聘者的面前，这就是推销。至于企业家、商人，推销已融入他们的生命。

而对于推销员来说，名片是推销自己的最好办法，也是最直接的办法。

乔·吉拉德说过，如果让我说出我发展生意的最好办法，那么，我这个工具箱里的东西可能不会让你吃惊，我会随时为推销做好各种准备工作。

吉拉德喜欢去运动场上观看比赛，当万众欢腾时，他就大把大把地抛出自己的名片。在观看橄榄球比赛时，当人们手舞足蹈、摇旗呐喊、欢呼雀跃、忘乎所以的时候，吉拉德同样兴奋不已，只不过他同时还要抛出一沓沓的名片。

吉拉德认为:“我把名片放在一个纸袋里，随时准备抛出去。也许有人以为我是在体育场上乱扔纸屑，制造名片垃圾。但是，只要这几百张名片中有一张到了一个需要汽车的人的手中，或者他认识一个需要汽车的人，那么我就可以做成一单生意，赚到足够的现金，抛出些名片我也算划得来了。和打电话一样，扔名片也可以制造推销机会。你应该知道，我的这种做法是一种有效的方法，我撒出自己的名片，也撒下了丰收的种子，我制造了纸屑垃圾，也制造了未来的生意。”

也许你会认为吉拉德的这种做法很奇怪，但是这种做法确实帮他做成了一些交易。很多买汽车的人对这种行为感兴趣，因为扔名片并不是一件平常的事，他们不会忘记这种与众不同的举动。

吉拉德能做出撒名片的惊人之举，到处递递名片就更不用说了。他总是设法让所有与他有过接触的人都知道他是干什么的、推销什么东西的，即使是那些卖东西给他的人。甚至在餐馆付账时，他也把名片附在账款中。假如一餐饭的账单是 20 美元，一般人支付 15% 的小费是 3 美元，吉拉德常会留下 4 美元，并且附上他的名片，对所有的侍者，吉拉德都采用这种方式。

让与你接触的人知道你是干什么的，你卖的是什么东西，名片就成了最好的工具，好好利用名片会为你创造许多推销的机会。

所以，不管到什么时候，也无论你预备将来做什么，推销自己对每一个人来说真的很重要。它是人生必修的一门功课，它能使你的人生更加辉煌。

2. 你微笑的魅力，谁都无法抗拒

有句俗语，叫“非笑莫开店”。意思是做生意的人要经常面带笑容，这样才会讨人喜欢、招徕客户。这也如另一句俗话所说“面带三分笑，生意跑不了”。

纽约一家大百货商店的人事部主任也曾说过，他宁愿雇用一个有着可爱微笑的小学未毕业的女职员，也不愿雇用一位面孔冷淡的哲学博士。

不妨看看这个故事，你就知道了微笑的魅力：

威廉是美国推销寿险的顶尖高手，年收入高达百万美元。他成功的秘诀就在于拥有一张令客户无法抗拒的笑脸。但那张迷人的笑脸并不是天生的，而是长期苦练出来的。

威廉原来是美国家喻户晓的职业棒球明星球员，到了四十几岁因体力日衰而被迫退休，而后去应征保险公司推销员。

他自以为凭他的知名度理应被录取，没想到竟被拒绝。人事经理对他说：“保险公司推销员必须有一张迷人的笑脸，但你却没有。”

听了经理的话，威廉并没有气馁，立志苦练笑脸，他每天在家里放声大笑上百次，邻居都以为他因失业而发神经了。为避免误解，他干脆躲在厕所里大笑。经过一段时间的练习，他去见经理，可经理说还是不行。

威廉没有泄气，继续苦练，他搜集了许多公众人物迷人的笑脸照片，贴满屋子，以便随时观摩。

他还买了一面与身体同高的大镜子摆在厕所里，只为了每天进去大笑三次。隔了一阵子，他又去见经理，经理冷冷地说：“好一点儿了，不过还是不够吸引人。”

威廉不认输，回去加紧练习。一天，他散步时碰到社区管理员，很自然地笑了笑，跟管理员打招呼，管理员说：“威廉先生，您看起来跟过去不太一样了。”这话使他信心大增，立刻又跑去见经理，经理对他说：“是有点儿意思了，不过仍然不是发自内心的笑。”

威廉仍不死心，又回去苦练了一阵，终于悟出“发自内心如婴儿般天真无邪的笑容最迷人”，并且练成了那张价值百万美元的笑脸。

有人拿着价值 100 美元的东西，却连 10 美元都卖不到，为什么，你看看他的表情就知道了。因此，要推销成功，自己的面部表情很重要：它可以拒人千里，也可以使陌生人立即成为朋友。

现实的工作和生活中，一个人对你满面冰霜、横眉冷对；而另一个人对你面带笑容、温暖如春，他们同时向你请教一个工作上的问题，你更欢迎哪一个？显然是后者，你会毫不犹豫地对他知无不言、言无不尽；而对前者，恐怕就恰恰相反了。

一个人亲切、温和、洋溢着笑意，远比他穿着一套高档、华丽的衣服更引人注意，也更容易受人欢迎。因为微笑是一种宽容、一种接纳，它缩短了彼此的距离，使人与人之间心心相通。喜欢微笑着面对他人的人，往往更容易走入对方的天地。难怪学者们强调：“微笑是成功者的先锋。”

几年以前，底特律的哥堡大厅举行了一次巨大的汽艇展览会，人们蜂拥而至，在展览会上人们可以选购各种船只，从小帆船到豪华的游艇都可以买到。

在汽艇展览会期间，一家汽艇厂有一宗巨大的生意跑掉了，而第二家汽艇厂却用微笑把客户挽留了下来。事情是这样的：

一位来自中东某一产油国的富翁，他站在一艘展览的大船旁对他面前的推销员说："我想买艘汽船。"这对推销员来说是求之不得的好事，那位推销员很周到地接待了富翁，只是他脸上冷冰冰的，没有笑容。

这位富翁看着这位推销员那张没有笑容的脸，走开了。

他继续参观，到了下一艘陈列的船前，这次他受到了一个年轻推销员的热情招待。这位推销员脸上挂着欢迎的笑容，那微笑像太阳一样灿烂，使这位富翁有宾至如归的感觉，所以，他又一次说："我想买艘汽船。"

"没问题！"这位推销员脸上带着微笑说，"我会为您介绍我们的产品。"他只这样简单地附和说。

这位富翁果然交了定金，并且对这位推销员说："我喜欢人们表现出一种他们非常喜欢我的样子，现在你已经用微笑向我表现出来了。这次展览会上，你是唯一让我感到我是受欢迎的人。"

第二天这位富翁带着一张保付支票回来，买下了价值 2000 万美元的汽船。

可见，在恰当的时候、恰当的场合，一个简单的微笑可以创造奇迹，一个简单的微笑可以使陷入僵局的事情豁然开朗。而且，人是很容易被感动的，而感动一个人靠的未必都是慷慨的施舍、巨大的投入。往往一句热情的问候、一个温馨的微笑，也足以在人的心灵中洒下一片阳光。

不要低估了一句话、一个微笑的作用，它很可能使一个素不相识的人走近你，甚至爱上你，成为开启你成功之门的一把钥匙，成为你走上柳暗花明之境的一盏明灯。

的确，如果说行动比语言更具有力量，那么微笑就是无声的行动，它所表示的是：“我很满意你，你使我快乐，我很高兴见到你。”笑容是结束谈话的最佳“句号”，这话真是不假。

而具体来说，对推销人员而言，“笑”至少有下列 10 大好处：

1. 笑能把你的友善与关怀有效地传递给准客户。

2. 笑能拆除你与准客户之间的“篱笆”，敞开双方的心扉。

3. 笑使你的外表更迷人。

4. 笑可以消除双方的戒心与不安，以打破僵局。

5. 笑能消除自卑感。

6. 你的笑能感染对方，让对方也笑，创造和谐的交谈基础。

7. 笑能建立准客户对你的信赖感。

8. 笑能去除自己的哀伤，迅速地重建自信心。

9. 笑是表达爱意的捷径。

10. 笑会增进活力，有益健康。

3. 美好的第一印象，你没有第二次机会留下

西方有句谚语：“你没有第二个机会留下美好的第一印象。”

8 月份一个炎热的上午，一位推销钢材的专业推销人员走进了某家制造企业的总经理办公室。这个推销人员身上穿着一件看不出究竟是什么颜色的衬衫和一条皱巴巴的裤子，他嘴里叼着雪茄，含糊不清地说：“早上好，先生。我代表阿尔巴尼钢铁公司。”

“什么？”这位准客户问，“你代表阿尔巴尼公司？听着，年轻

人，我认识阿尔巴尼公司的几个头儿，你没有代表他们——你错误地代表了他们。你也早上好！”

爱默生曾经说：“你说得太大声了，以至于我根本听不见你在说什么。”换句话说，你的外表、声音和举止所传达的印象有助于使准客户在心目中勾勒出一幅反映你的本质性格的画面。

当你出现在你的准客户面前时，他们看到的是一个什么类型的人呢？他们在刹那间捕捉了一系列你的图像或快照，然后，他们将其中最重要的一些储存进自己的意识中。

有些人认为：在面谈的前 10 秒钟内就决定了它会完成还是破裂。可能真是这样，我们确实根据在与一个人见面的头几秒钟内所得到的印象，快速做出对他的判断。如果这些判断是不利的，那么所有的推销都不得不首先克服这位专业推销人员在准客户心中留下的糟糕印象。另一方面，一个有利的印象肯定可以帮助推销，而且也不需要硬着头皮、费力地抗争准客户心中对你形成的不利的第一印象。

内布拉斯加州一位经验丰富的经理说：“有一天，一个人来拜访我。他穿得就像一部著名的老剧《上午之后》中的一个角色。他开始做一个好得非同寻常的推销推介，但我老是走神。我看着他的鞋子、他的裤子，然后再把目光扫过他的衬衫和领带。大部分时间里我都在想，如果这位专业推销人员说的都是真的，那他为什么穿得如此落魄呢？

“他告诉我他手中有很多订单，他有许多客户，他们也购买了大量的这种产品。但他的个人外表致命地显示他说的话不是真的。我最后没有购买，因为我对他的陈述没有信心。”

由此可见，专业推销人员必须给客户留下一种好印象，必须有成功的外貌、成功的谈吐和成功的姿态。这些都是具有大意义的小事情——它们都有助于将推销面谈成功地进行下去。

第一印象是非常重要的，一定要注意保持一种良好的第一印象，因为你不可能再有第二次机会了。客户对你的第一印象主要是依据外表——你的眼神、面部表情等。你可以认为外表就是一种表面语言，正如声音所表达的一样。

一个人的外貌对于他本身有很大影响，穿着得体就会给人以良好的印象，它等于在告诉大家："这是一个重要的人物，聪明、成功、可靠。大家可以尊敬、仰慕、信赖他。他自重，我们也尊重他。"

只有在对方认同你并接受你的时候，你才能顺利进入对方的世界，并游刃有余地与对方交往，从而把自己的事情办成和办好，而这一切的获得在很大程度上与你的外在打扮有关。

凡是给对方留下了好印象的人都善于交往，善于合作。而一个人的仪表是给对方留下好印象的基本要素之一。试想：一个衣冠不整、邋邋遢遢的人和一个装束典雅、整洁利落的人在其他条件差不多的情况下，同去办同样分量的事儿，恐怕前者很可能受到冷落，而后者更容易得到善待。特别是到陌生的地方办事儿，怎样给别人留下美好的第一印象更为重要。

世上早有"人靠衣装马靠鞍"之说，一个人若有一套好衣服配着，仿佛把自己的身价都提高了一个档次，而且心理和气势上增强了自己的信心。莫怪世人"以貌取人"，人皆有眼，人皆有貌，衣貌出众者，谁不另眼相看呢？着装艺术不仅给人以好感，同时还直接反映出一个人的修养、气质与情操，它往往能在尚未认识你或你的才华之前，向别人透露出你是何种人物，因此在这方面稍下一点儿功夫，就会事半功倍。

有些人从来没有真正养成过一个良好的自我保养的习惯，这可能是由于不修边幅的学生时代留下的后遗症，或是父母的率先垂范不好，或者他们对自己的重视不够造成的。这些人往往“三天打鱼两天晒网”，只要基本上还算干净，没有人瞧不起，能走得出去便了事了。如果你注重自己的形象，良好的修饰习惯很快就能形成。如果你天生是络腮胡子脸，那也没有办法，但至少你要给人一种你能打点好自己的印象。牙齿、皮肤、头发、指甲的状况和你的仪态都一一表明你的自尊程度。

别人对你的第一印象，往往是从服饰和仪表上得来的，因为衣着往往可以表现一个人的身份和个性。毕竟，要对方了解你的内在美，需要长久的过程，而仪表则让人一目了然。

所以，作为推销员，第一印象至关重要，不要自己给自己打了折扣，自己给自己设置了成功的障碍。

4. 若要成为一流推销员，你得学会装扮自己

刚入推销行业时，法兰克的着装、打扮非常不得体，公司一位最成功的人士对法兰克说:“你看你，头发长得不像个推销员，倒像个橄榄球运动员。你应该每周理一次发，这样看上去才有精神。你连领带都不会系，真该找个人好好学学。你的衣服搭配得多可笑，颜色看上去极不协调。不管怎么说，你得找个行家好好地教你打扮一番。”

“可你知道我根本打扮不起！”法兰克辩白说。

“你这话是什么意思？”他反问道，“我是在帮你省钱。你不会多花一分钱的。你去找一个专营男装的老板，如果你一个也不认识，干脆找我的朋友斯哥特，就说是我介绍的，见了他，你就明确地告诉他你想穿得体面些却没钱买衣服，如果他愿意帮你，你就把所有的钱都花在他的店里。这样一来，他就会告诉你如何打扮，包你满意。这么做，既省时间又省钱，你干吗不去呢？这样也更易赢得别人的信任，赚钱也就更容易了。”

听起来真新鲜。他这些话说得头头是道，法兰克可是闻所未闻。

法兰克去了那位朋友所说的男装店，请斯哥特先生帮他打扮一下。斯哥特先生认认真真地教法兰克打领带，又帮法兰克挑了西服以及与之相配的衬衫、袜子、领带。他每挑一样，就评论一番，解说为什么挑选这种颜色、式样，还特别送法兰克一本教人着装打扮的书。

不光如此，他还对法兰克讲一年中什么时候买什么衣服、买哪种最划算，这可帮法兰克省了不少钱。法兰克以前老是一套衣服穿得皱巴巴时才知道换，后来注意到还得经常洗熨。斯哥特先生告诉法兰克：“没有人会好几天穿一套衣服。即使你只有两套衣服，也得勤洗勤换。衣服一定要常换，脱下来挂好，裤腿拉直，西服送到干洗店前就要经常熨。”

过了不久，法兰克就有足够的钱来买衣服了。

中国也有一句谚语说：“佛要金装，人要衣装。”

每一天无论在工作或私人场合，我们总有机会接触到不少陌生人，这些人或多或少对我们的生活都会造成一些影响，因此我们留给别人的印象是很重要的。

所以，千万不要忽略了外表的重要性。花一点儿时间来打理你的外表，让自己看起来神清气爽、精神饱满，是你对自己应有的投资。

“你不可能仅仅因为打对了一条领带而获得某个职位，但你肯定会因戴错了领带而失去一个职位。”这句话很朴实，也很经典。

如果你连自己的形象都不在乎，你就别想让别人在乎你。仪表得体、举止优雅是对你自己的尊重，也是对别人的尊重。身为企业的一员，你的形象就是公司的形象，千万别让公司的形象毁于你手。

如果汽车交易商准备卖一辆旧汽车的话，他会怎样做呢？首先，他把车送到车间里，将表面的擦痕都磨光，并重新喷漆。然后，再将车内装饰一新，换上新轮胎，调整好发动机，总之，使车重新焕发光彩。为什么要这样做呢？因为汽车交易商知道外表鲜亮的汽车一定能卖个好价钱。这与你做推销工作是一样的。要记住：仪表不凡和风度翩翩将使你在客户的眼中身价倍增。

美国商人希尔在创业之始，就意识到服饰对人际交往与成功办事的作用。他清楚地认识到，商业社会中，一般人是根据一个人的衣着来判断对方的实力的，因此，他首先去拜访裁缝。靠着往日的信用，希尔定做了三套昂贵的西服，共花了 275 美元，而当时他的口袋里仅有不到 1 美元的零钱。

然后他又买了一整套最好的衬衫、衣领、领带等，而这时他的债务已经达到了 675 美元。

每天早上，他都会身穿一套全新的衣服，在同一个时间里、同一个街道同某位富裕的出版商“邂逅”，希尔每天都和他打招呼，并偶尔聊上一两分钟。

这种例行性会面大约进行了一星期之后，出版商开始主动与希尔搭话，并说：“你看来混得相当不错。”

接着出版商仅想知道希尔从事哪种行业，因为希尔身上所表现出来的这种极有成就的气质，再加上每天一套不同的新衣服，已引起了出版商极大的好奇心。这正是希尔盼望发生的情况。

希尔于是很轻松地告诉出版商：“我正在筹备一份新杂志，打算在近期内争取出版，杂志的名称为《希尔的黄金定律》。”

出版商说：“我是从事杂志印刷及发行的，也许我也可以帮你的忙。”

这正是希尔所等候的那一刻，而当他购买这些新衣服时，他心中已想到了这一刻，以及他们所站立的这块土地，几乎分毫不差。这位出版商邀请希尔到他的俱乐部，和他共进午餐，在咖啡和香烟尚未送上桌前，已“说服”了希尔答应和他签合约，由他负责印刷及发行希尔的杂志。希尔甚至“答应”允许他提供资金且不收取任何利息。

发行《希尔的黄金定律》这本杂志所需要的资金至少在 3 万美元以上，而其中的每一分钱都是从漂亮衣服所创造的“幌子”上筹集来的。

成功的外表总能吸引人们的注意力，尤其是成功的神情更能吸引人们“赞许性的注意力”。当然，这些衣服里也包含着一种能力，是自信心和创造力的完美体现。

正如日本推销界流行的一句话：“若要成为第一流的推销人员，就应先从仪表修饰做起，先以整洁得体的衣饰来装扮自己。”只要你决定投入推销业，就必须对仪表服饰加以重视，这是绝对重要的。

当然，推销人员的着装要符合个人的性格、爱好、身份、年龄、性别、环境、风俗习惯，不要过于另类和佩戴过多的饰物。如果穿戴过于引起别人注意的服饰，反而会使人觉得你本人无足轻重，招致相反效果。

5. 礼貌是好的结束，也是成交的开端

与客户沟通的时候，不管是面对面还是电话沟通，都应该注意礼貌。

比如，有些公司每天一大早先开早会，可能推销员十分火速的电话，却换来一句:“我们张先生在开早会，请留下电话，他会尽快与您联络。”

“我们的事情非常重要，能不能请他先听一下电话？”

“非常抱歉，不行！”

“可是，真的是非常重要！”

……

像这样的推销员就会引起对方的反感。这是因为，如果是熟悉的往来客户，推销员应该会知道每天早上的早会是办公室的例行公事，有什么事都得等早会开完再说，如果硬要现在谈话，会引起人的反感，以及产生不好的印象，认为这个人没礼貌又没大脑。

而如果是新进客户，可能不甚了解，这时在对方告知“某人正在开会，能不能请您晚一点儿再打”时，推销员应该给对方一个确定的时间，或是请对方给一个方便的时间，再予以联络。

同时，不管面对什么人，小职员还是主管、总经理，都应该注

意礼貌的问题。然而，现实生活中，有些推销员在打电话时非常的势利，如果接电话的是小职员，他就会不太礼貌，几乎都是用命令的口吻；但是，如果遇到的是大人物，可就不同了，轻声细语、毕恭毕敬。

这时，问题就来了，对接电话的职员不恭敬的话，会使对方产生不愉快。更有一些人，如果你惹怒了他，他可能会怀恨在心，下次你的来电再被他接到的话，他很可能会推说不在。可是，如果我们对代接电话者礼貌相待，即使被找的人分身乏术，你也是会被热情相待的。

另外，在打电话时，谁先挂电话也有大学问。这也体现了推销人员的礼貌问题。

一般而言，商务电话都是由打电话的那一方先挂电话，这是基本的电话礼貌，因为是有事情的人打电话过去，事情联络好交代完后理应挂上电话，这样才可算是交易的完成。但是如果遇到的是长辈，可就另当别论了，为了表示尊重，不管是打电话的或是接电话的都应该由长辈先挂，在确定对方已经挂线后，自己再轻轻地放下听筒。

而“请多多指教”“抱歉”“在您百忙之中打扰了”“谢谢”“再联络”这些恭维的话不可小看，它可是会使人心情舒畅的！在挂电话之前，双方能愉快地画上句号，就是一通完美的电话交谈。虽然不能保证交易一定成功，但是为了给对方留下好印象，最后一句寒暄问候语可别忽略了它的神奇力量！

最后，商场社交上，各公司的往来频繁，用电话沟通是常有的事，这时也显得彼此沟通良好，但若是次数太多，同样也是会惹人讨厌的：“奇怪！怎么又来电话了！一次 OK 就好了，真啰唆，芝麻大的小事要重复几遍！”

小心，次数如果太多的话，可能会带给人麻烦！有些人对刚认识的朋友态度就变得较随便，因为心里想：反正很熟嘛！可是不知道对方会非常在意，和你正好持相反的看法：“这个小陈怎么这样？以前刚认识的时候还蛮客气的，现在怎么越熟越不尊重我，那以后不是会爬到我头上吗？”这样子你可能会失去一位商场上的朋友！

所以说，礼貌是好的结束，也是成交的开端：要留给对方好印象，可别忽略了最后的礼貌，谨言慎行才是得体的推销应对之道。

6. 开场白精彩了，你就成功了一半

好的开始是成功的一半。

开场白一定要有创意，预先准备充分，有好的剧本，才会有完美的表现。可以谈谈客户感兴趣和所关心的话题，投其所好。欣赏别人就是恭敬自己，客户才会喜欢你；“心美”看什么都顺眼，客户才会接纳你。

那么，如何有技巧、有礼貌地进行颇富创意的开场白及攀谈呢？

在创意开场白的技巧上，有以下应注意的重点：

事先准备好相关的题材及幽默有趣的话题；注意避免一些敏感性、易起争辩的话题，为人处世要小心，但不要小心眼，例如：宗教信仰的不同，政治立场、看法的差异，有欠风度的话，他人的隐私，有损自己品德的话，夸大吹牛的话，在面对女性隐私时尤须注

意得体礼貌；得理要饶人，理直要气和；一定要多称赞客户及与其有关的一切事物。

通常，我们可以以询问的方式开始，比如“您知道目前最热门、最新型的畅销商品是什么吗？”以肯定客户的地位及社会的贡献开始；以格言、谚语或有名的广告词开始；以谦和请教的方式开始等。

我们还可以以针对客户的摆设、习惯、嗜好、兴趣、所关心的事项开始；也可以开源节流为话题，告诉客户若购买本项产品将节省多少的成本，可赚取多高的利润，并告诉他“我是专程来告诉您如何赚钱及节省成本的方法”；可以用与 ×× 单位合办市场调查的方式为开始；可以用他人介绍而前来拜访的方式开始；可以举名人、有影响力的人的实际购买例子及使用后效果很好的例子为开始；

另外，还可以以运用赠品、小礼物、纪念品、招待券等方式开始；以提供试用试吃为开始；以动之以情、诱之以利、晓之以害的生动演出的方式开始；以提供新构想、新商品知识的方式开始；以具震撼力的话语，吸引客户有兴趣继续听下去的“这部机器一年内可让您多赚 x 百万元”为开始……

万事开头难，做推销更是如此，但是，作为一个职业推销员是绝不能因此而放弃努力，应该在面对客户之前，做好充分的准备，设计一个有创意的开场白。同时，推销之前，推销员对于客户心中的想法还不知道，因而会面的开始非常重要。要引起听者的注意，接着让他产生兴趣，也就是有兴趣听你说话。

然而，一个人时时在接受周围的各种刺激，对这些四面八方的刺激并非一视同仁，可能对某一刺激特别敏锐、明了，因为这成为他一刹那间的意识中心。假如听者的大脑意识中枢集中在说者的谈话上，那么此刻听者对于其他的刺激都不在意了。

打个比方，专心看电视的小朋友，任凭妈妈在旁边怎么呼喊，他都听不见。又比如参加考试的学生，当其集中注意力于试卷上的题目，专心思索时，对于窗外的噪音也不以为苦了。

就是由于人类都有这种心理的缘故，所以推销员必须把客户的注意力集中到自己身上。换句话说，推销员的第一句话最具有重要性，可以有力地吸引住客户的兴趣，在那么可贵的一刻，在两人目光相接的时候，有许多错综复杂的心理作用就在客户身上发生了。

在这刹那之间，推销员所说的头一句话，是否能让对方一直听到最后一句话，决定于客户对推销员有没有产生好感。我们虽说要在开始 10 秒钟之内把握住客户的心，其实这个时间越短越有利，你要抓住客户的心，最长也不可超过 10 秒钟。

以下让我们来参考另外几个例子吧：

（住宅门口）“哦！您好早哟！你在洗车吗？我是 ×× 公司的人，今天特地来访问您。”

（农家门口）“哦！您好勤快哟！这么大早就起来；现在蔬菜市价很便宜了。”

“对呀，已经不够本了；用车子把它运到果菜市场去，刚刚好够汽油钱和装箱钱！”

“您好！我是 ×× 公司的。”

（在蔬菜摊）“什么？你再说清楚一点儿。”

“也没什么啦！刚才有三位太太们在讲话。她们一致认为你这家铺子所卖的蔬菜要比其他家新鲜得多呢！”

上面列举的开场白适用于临时交易，经常交易多无须如此。但偶尔为了改变气氛、把握客户心思起见，也不妨采取这类方式来聊天。

7. 展现语言的魅力，让你的声音更动听

你若想培养自己成为一个诚实的人，首先就应当培养自己的诚意，所谓“诚于内形于外”，这样才能使你的诚意表现在自己的一举一动上。这种存在于内心中的诚意，会从你的表情上流露出来，更会从你说话的声音里流露出来，传遍你的全身。

一个人的态度、神情、笑容、眼光都是沉默的，但却能够传达人们的情意。这种无言的交流，在人际关系上占有很重要的地位。你可以利用这种方式来吸引对方，使对方获得无言的第一印象，这是推销员应该具有的第一个条件。

要能够沟通彼此的心意，必须依赖我们的语言，所以你应该以明朗、活泼、富有吸引力的音色，简洁流畅地传达自己的思想，这是你的义务。

言语的影响力的确是不可低估，一句话可以使对方感动、豁然开朗，甚至于生气。推销员最主要的就是用这种具有不可思议的魔力的言语来做买卖，即所谓靠嘴巴吃饭。

有这么一个故事：从前波兰有位明星，大家都称她摩契斯卡夫人。一次她到美国演出时，有位观众请求她用波兰语讲台词，于是她站起来，开始用流畅的波兰语念出台词。

观众都只觉得她念的台词非常流畅，但不了解其意义，只觉得听起来非常令人愉快。

她接着往下念，语调渐渐转为热情，最后在慷慨激昂，悲怆万分时戛然而止，台下的观众鸦雀无声，同她一样沉浸在悲伤之中。

突然台下传来一个男人的爆笑声，他是摩契斯卡夫人的丈夫、波兰的摩契斯卡伯爵，因为夫人刚刚用波兰语背诵的是九九乘法表。

从这个故事中，我们可以看到，说话的语气竟然有如此不可思议的魅力。即使不明白其意义，也可以使人感动，甚至可以完全控制对方的情绪。那么谁都可以听得懂的国语不更是如此吗？如果只能说几句杂乱无章、毫无感情的话，想干好推销工作恐怕还早得很。

希腊哲学家苏格拉底说："请开口说话，我才能看清你。"正因为他了解，人的声音是个性的表达，声音来自人体内在，是一种内在的剖白。很多推销员口若悬河，却无法说服客户，原因就在这里。如果声音未经训练或者透露出畏惧、犹豫、缺乏自信，就成了败笔。

我们通常说："我今天没那心情。"其实这句话应该倒过来说，因为心怀恐惧的人声音一定是怯怯的，个性谨慎的人说话亦小心翼翼，攻击性强的人言语咄咄逼人；雄武有力的人通常会声若洪钟、铿锵有力；静若处子的人，声调必然低柔平和……依此类推，声音实在能使人的本色显露无遗！

我们说话的声音，也必须和音乐一样，能够渗进客户的心中，才能达到说服的目的。某位伟大的推销员就曾经说，如果说歌星是靠优美的歌声来撩动听众的心，演员是用丰富的演技来俘获观众的心，那么一个成功的推销员则同时需要声音和技巧两种武器来赢得客户的心。

所以说，只有风度和气质得到周围人的承认才可称为魅力。推销员的魅力，就在于能够说服客户，使其购买自己的产品。在推销过程中，只能通过短时间的接触和谈话来取得对方的好感。因此，要想以自己的魅力征服客户，达到自己的推销目的，推销员的语言艺术将起到重要的作用。

8. 推销你的服务意识，让客户喜欢你

只有让客户认可你，喜欢上你，你才可能推销成功。要想做好推销工作，必须先把你自己推销出去。

而良好的服务是推销人员应该具备的首要条件。它意味着我们不仅要做我们该做的事情，还要提供会让客户感到额外惊喜的服务。

推销是一种服务，优质的服务就是良好的推销。推销人员只有乐于帮助客户，才会和客户和睦相处；时时为客户着想，为客户做一些有益的事，才会造成非常友好的气氛，而这种气氛是推销人员在推销工作顺利开展上所必需的。

在世界著名的花旗银行曾发生过这样一件小事情：

有一个客户到该银行的一个营业所，要求换一张崭新的 100 美元钞票，说是要为他的公司做奖品用。可是当时这家营业所恰好没有新钞票。于是，银行的一位服务员立刻打电话到其他营业所联系，整整花了 15 分钟时间，终于从别的地方调来一张新钞票。随后，这位营业员十分郑重地把这张钞票放进一只盒了里，并附上名片，上面写着：“谢谢您想到我们银行。”不多久，这位本来是偶然到这家营业所换钞票的客户回来开了个账户，并存上了 25 万美元。

换一张 100 美元的钞票，对一家大银行来说，简直不值得一提。另外，该营业员也可以用钞票能正常流通作借口，不换这张钞

票，更不用说当时这家营业所确实没有新钞票。但是正是由于这位营业员具有强烈的为客户服务的意识，为客户着想，真诚为客户服务，才使客户对这家银行产生了信任感。

服务就是帮助客户，推销人员能够提供给客户的帮助是多方面的，并不仅仅局限于通常所说的售后服务上。

比如，可以不断地向客户介绍一些技术方面的最新发展资料；介绍一些促进推销的新做法；邀请客户参加一些体育比赛等。这些虽属区区小事，却有助于推销人员与客户建立长期关系。

良好的服务意识是我们推销人员应具备的首要条件。客户购买商品，即使有些事情是客户没有提出的事项，我们也要主动地提供服务。如果缺乏诚恳、热忱的服务，从客户的立场而言，购买意志会产生动摇，失去信心，怀疑推销人员的承诺是否会如期兑现，所推销的商品价格是否合理，以及会与别家公司的产品作比较，客户在做综合的判断，深思熟虑后才会有所决定。

如果客户仍然犹豫不决，推销人员必须将有关商品的实惠，以进一步劝诱的方式做适当的说明和解释，这是有关推销成功与否的关键所在。

第二章

Chapter 2

有备无患，你需做好事先备战

1. 做好准备再出发，受益最多的一定是你

当你真正准备开始一项了不起的行动时，你需要花费大量的时间，以确保万事俱备；哪怕是只欠东风，也要考虑它能为你而用的可能性。

推销人员在推销之前，总是要做一些准备。即使是一次陌生拜访，你也不会为了敲门而敲门。你要做一些研究，以保证敲对门。当然，根据推销人员所提供的产品或服务的不同，这种准备或基础工作也不同。但通过事先的准备工作，推销人员会从潜在客户身上发现尽可能多的信息，例如他的生活习惯、他的家庭、他的关切点、他的兴趣、他的要求、他的需要、他的渴望，一切有关的信息。

有了这些，当推销人员进入推销阶段，就能说出客户的问题所在（因为他已经做过准备），并向客户提供解决方案。此时，客户会对你产生良好的印象，不需要你做更多的工作，他会很快地接受你提出的解决，方案。

“时刻准备着”应该是每一位推销人员的座右铭。因为如果对推销做了充分准备，会大大增强推销人员的自信心。当你对本公司以及竞争对手的产品都了如指掌，并且掌握客户存在哪些问题，同时能够提出解决办法时，客户就会产生你与其他推销人员不同的印象。而要达到这一步，唯一的方法就是你必须事先做充分的准备。

全美最大的房地产开发商约翰·W·加尔布雷斯也深感推销前

做好准备的重要性。他的儿子丹是该公司的负责人，加尔布雷斯常常会兴致勃勃地讲起，丹曾经如何为一次重要的推销活动做好充分准备：

“有一次，我和丹正和一家大公司的总裁商谈一笔生意，这笔生意牵涉到我们一幢价值 600 万美元的大楼的售后回租事宜。这类生意往往需要你对所谈到的利率和租金了如指掌。利率波动一个小数点就可能导致 10 年或 20 年多收或少收一大笔租金。所以，在和这家公司会谈前，我建议丹背下那些利率幅度在 3.5% 与 5.5% 之间的租金表。

“也许你想不到，当我们进入谈判的最后阶段时，那家公司的老板要求我们算出几个与不同利率相对应的不同租金数额。他一定以为我们会向他借计算器，但是我们却没借，丹毫不费力地、飞快地算了出来。那位老总自然也就明白了丹在开会之前早已做好充分准备。他当然知道没有人能够如此快地心算出那些利率，但是丹显然给他留下了深刻的好印象。丹赢得了他的尊敬，他也就对我们充满了信心——我们终于成交了。”

加尔布雷斯坚持认为：“你必须做好准备，因为那是一切的基础。你对你的生意了解得越多越好。没有什么比你走进别人的办公室却浪费了别人的时间更无礼、更放肆的了；要是你不能回答他们所有的问题，你就是在浪费他们的时间，也包括你自己的时间。”

所以，推销员在拜访客户之前要先收集有关的情报，尤其是在第一次拜访时，事前的准备工作一定要充分。

1. 你需要做好物质准备。

物质准备工作做得好，可以让客户感到推销人员的诚意，可以帮助推销人员树立良好的洽谈形象，形成友好、和谐、宽松的洽谈气氛。

物质方面的准备，首先是推销人员自己的仪表准备，应当以整洁大方、干净利落、庄重优雅的仪表给客户留下其道德品质、工作作风、生活情调等方面良好的第一印象。其次，推销人员应根据访问目的的不同准备随身必备的物品，通常有客户的资料、样品、价目表、示范器材、发票、印鉴、合同纸、笔记本、笔等。

物质准备应当认真仔细，不能丢三落四，以防访问中因此而误事或给客户留下不好的印象；行装不要过于累赘；风尘仆仆的模样会给人留下“过路人”的印象，这也会影响洽谈的效果。

2. 除做好物质准备外，还要做好情报准备。

不论你推销的是什么东西，最有效的办法就是让客户相信——真心相信你喜欢他、关心他。如果客户对你抱有好感，你成交的希望就增加了。而要使客户相信你喜欢他、关心他，那你就必须了解客户，搜集客户的各种有关资料。

所以，在正式推销之前，推销人员必须尽可能多地搜集有关推销对象的各种信息情报，做到心中有数。其中包括，关于客户个人的信息，如客户的家庭状况、爱好以及在企业中的位置等；关于客户所在企业的信息，如企业规模、经营范围、推销对象、购买量、追求的利润率、企业声誉、购买决策方式以及选择供应商的要求等。

可以说，一位杰出的推销员，不但是一位好的调查员，还必须是一个优秀的社会工作者。在这个世界上，每一个人都渴望他人的关怀，当你带上评估客户的资料去关怀他时，对方肯定会欢迎你的，这样你做业务就容易多了。

要记住，做好准备再出发，受益最多的一定是你。

2. 不持“武器”，你拿什么争取胜利？

在柯林顿事业的初创期，也就是他 20 来岁的时候，便拥有了一家小型的广告与公关公司。为了多赚一点儿钱，他同时也为康涅狄格州西哈福市的商会推销会员证。

在一次特别的拜会中，他会晤了一家小布店的老板。这位工作勤奋的小老板是土耳其的第一代移民，他的店铺离那条分隔哈福市与西哈福市的街道只有几步路的距离。

“你听着，年轻人”，他以浓厚的口音对柯林顿说道，“一西哈福市商会甚至不知道有我这个人，二我的店在商业区的边缘地带，没有人会在乎我。”

“不，先生，”柯林顿继续说服他，“你是相当重要的企业人士，我们当然在乎你。”

“我不相信，”他坚持己见，“如果你能够提出一丁点儿证据反驳我对西哈福商会所下的结论，那么我就加入你们的商会。”

柯林顿注视着他说：“先生，我非常乐意为你做这件事。”然后他拿出了准备好的一个大信封。

柯林顿将这个大信封放在小布店老板的展台上，开始重复一遍先前与小老板讨论过的话题。在这期间，小布店老板的目光始终注视着那个信封袋，满腹狐疑地不知道里面到底是什么。

最后，小布店老板终于无法再忍受下去了，便开口问道：“年轻人，那个信封里到底装了什么？”

柯林顿将手伸进信封，取出了一块大型的金属牌。商会早已做好了这块牌子，用于挂在每一个重要的十字路口上，以标示西哈福商业区的范围。柯林顿带领他来到窗口说："这块牌子将挂在这个十字路口上，这样一来客人就会知道他们是在这个一流的西哈福区内购物。这便是商会让人们知道你在西哈福区内的方法。"

一抹苍白的笑容浮现在小布店老板的脸上。柯林顿说："好了，现在我已经结束了我的讨价还价了，你也可以将支票簿拿出来结束我们这场交易了。"最后，小布店老板痛快地在支票上写下了商会会员的入会费。

通过这次经历，柯林顿了解到，做推销拜访时带着道具，是一种吸引潜在主顾目光的有效方式。你可以想象：当某人带着一个包装精美的东西走进你的办公室时，受访人会如何反应呢？

然而，许多时候，前来办事处访问的推销员，许多是忘了带打火机，好在有的会客室中经常备有打火机，使场面不至于尴尬。然而，假定这些人跑到没有预备打火机的公司去拜访，将会留给客户一个什么样的印象呢？

或许会出现这样一些笑话：那是一位在大热天来访的推销员，因为忘了携带手帕，脸上出了大把汗也无法擦拭。有一个女职员看不过去，就递了手巾给他，使得这个推销员惭愧得半天说不出话来。另外有一个推销员，当要告辞时嘴里面像蚊子叫似的不好意思地说："对不起，是不是可以借我一点儿钱搭车回去？"一边说着，一边难为情地面红耳赤。

这些推销员好像头脑的构造有点儿问题，让人为雇用他们的老板叫屈。

甚至于有一些不见棺材不落泪的推销员，连最重要的东西都忘了，譬如价格表、契约书、订货单、公司或自己的名片、货品的说明书……

比如，有些为商讨图样而来的推销员，甚至把图样都忘在公司里；某些推销员在成交的阶段粗心大意地忘了带订货单；又有的推销员在前去说明并示范机器时，忘记携带样本或说明书。这样无疑是不持武器而去跟一个装备齐全的老兵交手，怎么会有胜利的希望呢？

如果你是初次去访问，也是同样的道理，切不可以为是头一次去，两袖清风亦无妨，反而必须充分准备、确切检视才好。

倘若在客户向你征求什么事或什么物件时，你如此回答：“啊！对不起，今天没带来，这样好了，我立刻给你送来好不好？”那么客户也许就因为你准备不充分，以此作为拒绝的理由。

或许你辩称：“对于普通的客户，初次会面时，不至于谈得这么详细。”那你就错了。这句话的前提是“到昨天力止，我所碰到的客户，都是……”但今天以及今后的客户，你能担保他们的情形和从前一样吗？

3. 管好你的客户资源，轻松搞定潜在客户

客户资源是一个推销员最大的财富，管理好你的客户资源，让你的客户连成片，你就成了一个优秀的推销员。

首先我们要给自己的客户建立档案，这体现了尽力为客户服务的心愿，是商业企业的一种有效的推销手段。

日本某食品公司开业不久，精明的老板便向户籍部门索取市民

生日资料，建立客户生日档案。每逢客户生日，该公司便派人把精致的生日蛋糕送到客户家中。这一举措让客户感到异常惊喜，相应地，该公司的社会知名度也越来越高，生意越来越红火。

号称“经营之神”的台湾王永庆先生，最初开了一家米店，他把到店买米的客户家庭人口消费数量记录在心。时间一到，不等客户购买，王永庆就亲自将米送上门，深得客户的好评和信任。而这种经营方法和精神，使王永庆先生的事业蒸蒸日上。

据报道：杭州华联商厦在经营中走访了许多客户，并建立了客户档案，商业企业可与客户建立起经济性的联系，通过沟通增加双方的情感，树立起商业企业的良好形象。从企业经营方面分析，通过建立客户档案，可以改变依靠微笑的浅层次的商业服务质量。商业企业通过客户档案建立的联系网可以及时了解客户的需求变化和消费心理，向客户推荐商品，增加服务内容和项目，把生意做到客户家里去，开拓服务新天地，从而使商业企业的服务更上一层楼。

而对于推销员来说，给客户建立档案有一个很简单的方法，那就是给客户建立客户卡。

面对不同的客户，推销人员必须制作客户卡，即将可能的客户名单及其掌握的背景材料，用分页卡片的形式记录下来。事实上，许多推销活动都需要使用客户卡，利用卡片上登记的资料，发挥客户卡的信息储存与传播作用。当你上门探访客户、寄发宣传材料、邮送推销专利和发放活动的邀请书、请柬，以至于最终确定推销方式与推销策略时，都离不开客户卡。

在制作客户卡时，客户卡上的记录都依推销工作时间的延伸而不断增加，信息量也要不断扩展。如上门访问客户结束后，推销人员要及时把访问情况、洽谈结果、下次约见的时间地点和大致内容记录下来。

至于其他方面获得的信息，如客户单位负责购买者与领导决策者之间的关系、适当的推销准备、初步预定的推销方法和走访时间也要一一记录，以便及时总结经验，按事先计划开展推销活动。

客户卡作为现代推销人员的一种有效推销工具，在推销工作中，推销人员可以根据具体需要来确定客户卡的格式。一般来说，客户卡包括下列内容：

客户名称或姓名；

购买决策人；

客户的等级；

客户的地址、电话等；

客户的需求状况；

客户的财务状况；

客户的经营状况；

客户的采购状况；

客户的信用状况；

客户的对外关系状况；

业务联系人；

建卡人和建卡日期；

客户资料卡的统一编号；

备注及其他有关项目。

同时，对客户卡进行“建档管理”应注意下列事项：

是否在访问客户后立即填写此卡？

卡上的各项资料是否填写完整？

是否充分利用客户资料并保持其准确性？

主管应指导推销员尽善尽美地填写客户卡。

最好在办公室设立专用档案柜放置“客户卡”并委派专人保管。

推销员或业务员每次访问客户前，先查看该客户的资料卡。

推销员应分析“客户卡”资料并作为拟订推销计划的参考。

4. 记录有价值的东西，这将是你的财富

很多伟大推销员的成功经历告诉我们，推销人员应该将当天的访问工作进行记录，这对以后的工作会有很大的帮助。

1952 年，后来有着“世界首席推销员”之称的齐藤竹之助，进入日本朝日生命保险公司从事寿险工作。1965 年，他创下了签订保险合同的世界最高纪录。他一生完成了近 5000 份保险合同，成为日本首席推销员。他推销的金额高达 12.26 亿日元，作为亚洲代表，连续 4 年出席美国百万圆桌会议，并被该会认定为百万圆桌俱乐部终身会员。

那么，齐藤竹之助是如何做到这一切的呢？

他说：“无论在什么时候，我都在口袋里装有记录用纸和笔。在打电话、商谈、听讲或是读书时，身边备有记录用纸，使用起来是很方便的。一边打电话，一边可以把对方重要的话记录下来；商谈时可以在纸上写出具体事例和数字转交给客户看。”

齐藤竹之助在自己家中到处放置了记录用纸，包括电视机前、床头、厕所等地方，使自己无论在何时何处，只要脑海里浮现出好主意、好计划，就能立刻把它记下来。

事实上，当推销人员访问了一个客户后，应记下他的姓名、地

址、电话号码等，并整理成档案，予以保存。同时对于自己工作中的优点与不足，也应该详细地进行整理。这样每天坚持下去，在以后的推销过程中会避免许多令人难堪的场面。

拿记住别人的姓名这一点来说，一般人对自己的名字比对其他人的名字要感兴趣，但是推销人员如果能记住客户的名字，并且很轻易就叫出来，等于给予别人一个巧妙而有效的赞美。

这种记录还能将你的思想集中起来，专一应用在商品交易上。这样一来，那些不必要的烦恼就会从你大脑中消失。另外，这种记录工作还可以帮助你提高推销方面的专业知识水平。

杰克一直在向一位客户推销一台压板机，并希望对方订货，然而客户却无动于衷。他接二连三地向客户介绍了机器的各种优点，同时，他还向客户提出：到目前为止，交货期一直定为 6 个月；从明年 1 月份起，交货期将设为 12 个月。

客户告诉杰克，他自己不能马上作决定；并告诉杰克，下月再来见他。到了 1 月份，杰克又去拜访他的客户，杰克把过去曾提过的交货期忘得一干二净。当客户再次向他询问交货期时，他仍说是 6 个月，杰克在交货期问题上颠三倒四。

忽然，杰克想起他在一本有关推销的书上看到的一条妙计，在背水一战的情况下，应在推销的最后阶段向客户提供最优惠的价格条件，因为只有这样才能促成交易。于是他向客户建议，只要马上订货，可以降价 10%。而上次磋商时，他说过削价的最大限度为 5%，客户听他现在又这么一说，一气之下终止了洽谈，杰克无可奈何，只好扫兴而归。

从这个事例里，我们能得出一个什么样的结论呢？如果杰克在第一次拜访后有很好的访问记录；如果他不是因为交货期和削价等问题的颠三倒四；又如果他能在第二次拜访之前，想一下上次拜访的经过，做好准备，那么第二次的洽谈也许会有成功的机会，因为这样可以减少一些不必要的麻烦。

所以说，推销人员在推销过程中一定要做好每天的客户访问记录，特别是对那些已经有购买意向的客户，更要有详细的记录，这样当你再次拜访客户的时候，就不会发生与杰克同样的情况了。

除了要记录客户的访问记录，推销员还应该做好客户的购买记录。这是因为，通过客户购买记录，推销员能为客户提供更全面的服务，同时，还可以加大客户的购买力度，提高推销数量。

在这一方面，华登书店做得非常好，他们充分利用客户购买记录来进行多种合作性推销，取得了显著效果。最简单的方法是按照客户兴趣，寄发最新的相关书籍的书目。华登书店把书目按类别寄给曾经购买相关书籍的客户，这类寄给个别读者的书讯，实际上也相当于折价券。

这项推销活动是否旨在鼓励客户大量购买以获得折扣呢？只对了一半。除了鼓励购买之外，这也是一项目标明确、精心设计的合作性推销活动，引导客户利用本身提供给书店的资讯，满足其个人需要，找到自己感兴趣的书。活动成功的关键在于邀请个别客户积极参与，告诉书店自己感兴趣和最近开始感兴趣的图书类别。

华登书店还向会员收取小额的年费，并提供更多的服务，大部分客户也都认为花这点儿钱成为会员是十分有利的。那么，客户为什么愿意加入呢？基本上，缴费加入“爱书人俱乐部”，就表示同意书店帮助卖更多的书给自己，但客户并不会将之视为敌对性的推销，而是合作性的推销。

无论如何，这里要说明的是，任何推销员如果要以明确的方式与个别客户合作，最重要的就是取得客户的回馈，以及有关客户个人需求的一切资料。而拥有越多客户的购买记录，也就越容易创造和客户合作的机会，进而为客户提供满意的服务。

所以，推销员要养成记录的习惯，把有用数据和灵光一现的想法及时记录下来，经过长期积累，就会发现这些记录是一笔宝贵的财富。

5. 接近客户前，务必多收集一些信息

作为美国最伟大的推销员之一，吉拉德在推销中是奇招迭出，就连打电话也有其独到之处。

面对电话簿，吉拉德会先翻阅几分钟，进行初步选择，找出一些看来可能性较大的地址和姓名，然后再拿起电话。

“喂，科里太太，我是乔·吉拉德，这里是雪佛莱麦若里公司，我只是想让您知道您订购的汽车已经准备好了。谢谢！”

这位科里太太觉得似乎有点儿不对劲，愣了一会儿才说：“你可能打错了，我们没有订新车。”

吉拉德问道：“您能肯定是这样吗？”

“当然，这样的事情，我先生应该会告诉我。”

吉拉德又问道：“请您等一等，是凯利·科里先生的家吗？”

“不对，我先生的名字是史蒂。”

其实，吉拉德早就知道她先生的姓名，因为电话簿上写得一清二楚。

“史蒂太太，很抱歉，一大早就打扰您，我相信您一定很忙。”

对方没有挂断电话，于是吉拉德跟她在电话中聊了起来：“史蒂太太，你们不会正好打算买部新车吧？”

“还没有，不过你应该问我先生才对。”

“噢，您先生他什么时候在家呢？”

“他通常 7 点钟回来。”

“好，史蒂太太，我晚上再打来，该不会打扰你们吃晚饭吧？”

7 点 10 分时，吉拉德再次拨通了电话：“喂，史蒂先生，我是乔·吉拉德，这里是雪佛莱麦若里公司。今天早晨我和史蒂太太谈过，她要我在这个时候再打电话给您，我不知道您是不是想买一部新雪佛莱牌汽车？”

“没有啊，现在还不买。”

“那您想大概什么时候可能会准备买新车呢？”

对方想了一会儿，说道：“我看大概半年以后需要换新车。”

“好的，史蒂先生，到时我再和您联络。噢，对了，顺便问一下，您现在开的是哪一种车？”

……

在打电话时，吉拉德记下了对方的姓名、地址和电话号码，还记下了从谈话中所得到的一切有用的资料，譬如对方在什么地方工作、有几个小孩、喜欢开哪一种型号的车等。他把这一切有用的资料都存入档案卡片里，并且把对方的名字列入推销的邮寄名单中，同时还写在推销日记本上。就这样，通过两三分钟的电话聊天，吉拉德得到了宝贵的推销信息。

乔·吉拉德曾指出：“如果你想要把东西卖给某人，你就应该尽自己的力量去收集他与你生意有关的情报……不论你推销的是什么东西。”如果你每天肯花一点儿时间来了解自己的客户，做好准备，铺平道路，那么你就不愁没有自己的客户。

刚开始工作时，吉拉德把搜集到的客户资料写在纸上，塞进抽屉里。后来，有几次因为缺乏整理而忘记追踪某一位准客户，他开始意识到自己动手建立客户档案的重要性。他去文具店买了日记本和一个小小的卡片档案夹，把原来写在纸片上的资料全部做成记录，建立起了他的客户档案。

推销人员应该像一台机器，具有录音机和电脑的功能，在和客户交往过程中，将客户所说的有用信息都记录下来，从中把握一些有用的材料。

吉拉德说：“在建立自己的卡片档案时，你要记下有关客户和潜在客户的所有资料——他们的孩子、嗜好、学历、职务、成就、旅行过的地方、年龄、文化背景及其他任何与他们有关的事情，这些都是有用的推销情报。

“所有这些资料都可以帮助你接近客户，使你能够有效地跟客户讨论问题，谈论他们感兴趣的话题，有了这些材料，你就会知道他们喜欢什么、不喜欢什么，你可以让他们高谈阔论、兴高采烈、手舞足蹈……只要你有办法使客户心情舒畅，他们就不会让你大失所望。”

由此可以看到，接近客户的准备工作非常重要，尤其是当商品具有贵重、高档、无形、结构复杂、数量较多或客户所不熟悉等特点时更是如此。

那么，多收集信息，对于推销工作有那么好处呢？具体来说，

1. 多收集信息有助于进一步认定准客户的资格。

在初步认定准客户资格的基础上，推销人员已基本确定某些个

人和团体是自己的准客户，但这种认定有时可能不会成为事实。因为真正的准客户要受其购买能力、购买决策权、是否有已经成为竞争者的客户和其他种种因素的制约。

对于这些制约因素，都要求推销人员必须对准客户的资格进行进一步的认定，而这项任务务必在接近客户之前的准备工作中完成，以避免接近客户时的盲目行为。

2. 收集尽可能多的信息便于制定接近目标客户的策略。

目标客户的具体情况和性格特点存在着个体差异，推销人员不能毫无区别地用一种方法去接近所有的客户。有的人工作忙碌，很难获准见面，有的人却成天待在办公室或家里，很容易见面；有的人比较随和，容易接近，有的人却很严肃，难以接近；有的人时间观念较强，喜欢开门见山地开始推销洽谈，有的人却比较适宜采取迂回战术；有的人喜欢接受恭维，有的人却对此持厌恶的态度等。

因此，推销员必须进行充分的前期准备，把握目标客户诸如上述多方面因素的特点，才能制定出恰当的接近客户的各种策略。

3. 多收集信息还有利于制订具有针对性的面谈计划。

推销人员在推荐产品时，总是要采取多种多样的形式，在对自己的产品进行游说时，或突出产品制作材料的新颖、先进的生产工艺，或突出产品良好的售后服务和保证，或突出优惠的价格等。

关键在于推销人员介绍产品的侧重点要切合客户的关注点，否则，面谈介绍产品的工作就失去针对性，推销的效果会因此而大打折扣，甚至使推销工作无功而返。

比如，准客户最关心的是产品的先进性和可靠的质量，而推销人员只突出产品完善的售后服务，这就有可能使客户担心产品的返修率高、质量不可靠。

因此，推销人员做好前期准备工作，深入挖掘准客户产生购买行为的源头——购买动机，就能找到准客户对产品的关注点，制订出最符合准客户特点的面谈计划。

4. 多收集信息还可以有效地减少或避免推销工作中的失误。

推销人员的工作是与人打交道，要面对众多潜在客户。每一位潜在客户都具有稳定的心理特质，有各自的个性特点，推销人员不可能在短暂的推销谈话中予以改变，而只能加以适应，迎合准客户的这些个性特点。

因此，推销人员必须注意顺从客户的要求，投其所好、避其所恶，做好接近准备，充分了解准客户的个性、习惯、爱好、厌恶、生理缺陷等，就可尽量避免因触及客户的隐痛或忌讳而导致推销失败。

6. 成功预约，迈出成功推销的第一步

一般人对于一个陌生的电话通常都存有戒心，他的第一个疑问必然是：“你是谁？”所以我们必须先表明自己的身份，否则，一些人为避免不必要的干扰，可能敷衍你两句就挂上电话。

可是，也有人会说：“如果我告诉他，他会更容易拒绝我。”

事实上确实如此，所以作为推销员，我们应尽可能表明：我是你的好朋友 ××× 介绍来的。有这样一个熟悉的人做中介，对方自然就会比较放心。同样地，对方心里也会问：“你怎么知道我的？”我们也可以用以上的方法处理。

有的人又会说：“其实我只是从一些资料上得到客户的电话，

那又该怎么办呢？”这时，你可以这样讲：“我是你们董事长的好朋友，是他特别推荐你，要我打电话给你的。”这时，你也许会想：如果以后人家发现我不是董事长的好朋友，那岂不让我难堪。

其实，你不必那么紧张，我们打电话的目的无非是为了获得一次面谈的机会。如果你和对方见面后，交谈甚欢，那对方也不会去追究你曾经说过的话了。

除此之外，大多数推销员有个毛病，即一到客户那里就说个没完，高谈阔论。因此，在电话约访中，我们要主动告诉客户：“我们都受过专业训练，只要占用您 10 分钟时间，就能将我们的业务做一个完整的说明。您放心，我不会耽误您太多的时间，只要 10 分钟就可以了。”

可以说，解决了客户的两个疑惑，预约一般都能成功。只有得到客户的同意，有了和客户面对面的机会，才为成功推销迈出了关键的第一步。

事实上，只要我们掌握了以下这五步，就可以轻松做到成功预约了。

1. 以关心对方与了解对方为诉求。

发自内心地表现出诚恳而礼貌的寒暄及亲切的问候最令人感到温馨，不过必须注意，如果过度地在言词上褒扬对方，反而会流于虚伪做作。虽然我们常说“礼多人不怪”，但是不诚实的推销辞令对许多人而言并不恰当，不如衷心地关怀比较能够取得对方的信赖。

除了诚心地问候之外，了解客户的诉求也是第一要务，敏锐的推销员必须能够在客户谈论的言辞之间，了解客户心中的渴望或最急迫而殷切想要知道的事物，如此才能掌握住客户的方向，达到预约的目的。

2. 寻找具有吸引力的话题。

凡是面对有兴趣的事物就不容易拒绝，比如有人喜欢逛街买东西，只要有人邀约，纵然还有许多事情没处理完，也会舍命陪君子一同前往。这是因为兴趣会引起他排除万难的决心。

因此提供一个可以吸引客户接受而且具有高度兴趣的话题，才容易获得客户的认同而接受邀约。

3. 提出邀约的理由。

合理而切合需求的理由是勾起客户“一定要”接受邀约的必备要素。推销员从客户的言行中可以得知他的需求，从需求中可以找到他的渴望，再由渴望中找到可以说服他的理由，在一步步地分析与推论下，客户拒绝的机会便大大地降低了。

倘若使用合理的方法进行邀约都无法让客户认同，也不妨采取低声下气的哀兵招式或是以不请自到、主动登门拜访手段令客户无法推辞。

总之，不管任何方法都以能够达到预约为首要任务。

4. 善用二择一的推销语言。

如果问你要不要吃饭？你的回答不是不吃就是吃。但如果直接问你要吃中餐还是西餐，吃与不吃的问题就直接跳过去，而且多半会得到一个肯定的答案。

换句话说，这种直接假设对方会接受的答案是一种快速切入的方法，也是避免遭到拒绝的方法。因为我们在回答问题时，总是会受到问题的内容而影响思考，而暂时性地丧失先前的思考逻辑，所以推销员在邀约时，可以舍去太过刻板的问法“有没有时间”，而改以直接问“你是上午或下午有空？”或“下午两点还是四点比较有空，让我们见个面吧！”

5. 敲定后马上挂上电话或立即离开。

因为人们都有不好意思反悔的心态，尤其是在答应了一段时间以后，想要再提出反对的意见都比较不容易。

7. 充分准备的话，每一次电话都是一次机会

鲁比是一位推销员，按照经理叮嘱，打电话前他一定先做充分的准备。其中包括什么时候打，打多长时间，大致讲些什么内容，都要事先设计好。一些必要的工具如笔、记事本、时间表、地图也都要准备齐全，以便在打电话过程中随时使用。

经过一段时间的摸索，鲁比已经形成了自己的一套习惯：

如果是在家里打电话，鲁比会穿上舒适的衣服，使自己消除紧张，发出一种放松的、积极的声音。

想办法多打听客户除了业务以外的侧面新闻，诸如有关对方生活的消息，以求通话时有共同的话题。

在身边摆好所有相关的文件，并准备好笔记本，以便随时记下对方告知的重要信息。

还要做好心理准备，也许电话响得不是时候，打扰了对方正做的事，所以他提醒自己一开口就要明确打电话的原因和大约需要多少时间。

鲁比认为，即使是电话约会也要注意时间，如果事先能了解对方的工作性质和作息时间，那是最好不过的。了解这些人的时间规律后，就可以因人制宜地选择适当的时间给他们打电话，这样就容

易被对方接受。

可以说，打电话前有充分准备，每一次电话交谈就是一个机会。当然，做好了准备，掌握一些成功法则并在实践中去运用它们，你也能取得很大成功。对于推销员来说，你应该掌握以下几个法则：

1. 大数法则。

徐志摩曾说："数大便是美。"一棵草算不上美丽，但当它是一大片草原的时候，就变得非常壮观。同样的道理应用在推销上，即表示当你打电话的数量大到一定程度的时候，收获也一定会是非常丰盛的。这也就是行销实务上说的"大数法则"。

从事推销工作的人一定要相信：推销任何东西，一定会有相当比率的人向你购买，也一定会有相当比率的人不会向你购买。因此你的工作就是"把那些会向你买的人找出来"，如此而已。至于你能找出多少会向你购买的人，则完全要看你打电话的次数而定。

举例来说，如果你每接触 100 个人，平均会与 10 个人成交，那么，如果你只找到 100 个人，你的成绩当然也只有 10 件而已。但是，如果你很努力地找到 500 个人，则你将会获得 50 件。从这个道理我们可以发现：电话行销工作真的不难，因为你想要获得 50 件，只要肯花时间找到 500 个人就可以获得了，不是吗？

这就是"大数法则"，也就是"数大就是美"！

2. 机会成本。

经济学里有所谓的"机会成本"理论。

简单说，假如你一天平均可以用电话跟 30 个人推销保险，但某一天你却在一位准客户身上花了半天的时间，因此当天只能跟

15 位准客户进行推销，那么你就是在那位准客户身上付出了 15 个行销的机会成本。

由此可知：你必须培养精准的判断能力，明确掌握哪些准客户才是你该投入时间的对象，否则你很有可能在不知不觉当中浪费许多的机会成本。这种损失也有可能是倍数的损失，因为当你唯一投注的准客户最后仍然没有成交的话，不就是两手空空吗？

另外，重要的一点是，比起面对面行销，“机会成本”对于电话行销的影响程度会更为显著。原因是电话行销属于“广种薄收”的行销观念，在短短的时间里要比面对面行销的精耕细作方式所要付出的“机会成本”大上许多。

3. 速度价值。

在投资学里有所谓的“时间价值”，指的是任何投资工具都可以通过时间因素，创造出投资效益。

在这里，我们要提出另外一个价值说——“速度价值”。所谓“速度价值”，指的是：“在同样的时间及成交率之下，你若能因速度快而创造了比别人还多的活动量，那么你的成绩必然要比别人好。”

因此，你可以知道，以后你在每天或每一次拨打电话的时候，都应该注意时间管理，也应该避免做事磨蹭或是凡事慢半拍的习惯。

8. 行动前，努力克服怯场心理

几乎所有的艺术表演者都怯过场，在出场前都有相同的心理恐惧：一切会正常无误吗？我会不会漏词、忘表情？我能让观众喜欢吗？

贝特格从事推销的头一年收入相当微薄，因此他只得兼职担任史瓦莫尔大学棒球队的教练。有一天，他突然收到一封邀请函，邀请他演讲有关“生活、人格、运动员精神”的题目，可是当时他面对一个人说话时都无法表达清楚，更别说面对一百位听众说话了。

由此贝特格认识到，只有先克服和陌生人说话时的胆怯与恐惧才能有成就，第二天，他向一个社团组织求教，最后得到很大的进步。

这次演讲对贝特格而言是一项空前的成就，它使贝特格克服了懦弱的性格。

事实上，不少推销员的感觉基本上与贝特格完全一样。无论你称之为“怯场”“放不开”还是“害怕”，他们都很难坦然、轻松地面对客户。

可实际上，从打电话约见面谈时开始，一直到令人满意地签下合同，这条路一直充满惊险。没有人喜欢被赶走，没有人愿意遭受打击，没有人喜欢当“不灵光”的失意人。

然而，有一些推销员，在与客户协商过程中，目标明确、手段灵活，直至签约前都一帆风顺，结果在关键时刻失去了获得工作成果和引导客户签约的勇气。

你会突然产生这种恐惧吗？这其实是害怕自己犯错，害怕被客户发觉错误，害怕丢掉渴望已久的订单。恐惧感一占上风，所有致力于目标的专注心志就会溃散无踪。

还有很多推销员，在签约的决定性时刻，在整套推销魔法正该大展魅力的时刻，却失去了勇气和掌控能力，忘了他们是推销员。

在这个时刻，他们却像等待发成绩单的小学生，心里只有听天由命似的期盼：也许我命好，不至于留级吧。

在这种情况下，绝大多数推销员的心情就此完全改观。前几分钟他还充满信心，情绪高昂，但现在却毫无把握，信心全无了。而结果，通常都是以丢了生意收场。

这是因为，客户会突然间感觉到推销员的不稳定心绪，并借机提出某种异议，或干脆拒绝这笔生意。而推销员大失所望、身心疲惫，脑子里只有一个念头：快快离开客户，然后心里沮丧得要死。

那么，如何避免这种状况发生呢？

1. 自我调节，为自己勾画美好画面。

无疑只有完全靠内心的自我调节，这种自我调节要基于以下考虑：就好像推销员的商品能够解决客户的问题一样，优秀的推销员应该能帮助客户做出正确的决定。

推销员其实是个帮助人的好角色——那他有什么好害怕的呢？签订合同这个推销努力的辉煌结果，不能被视为（推销员的）胜利，或者（客户的）失败，反过来也是一样，无所谓胜或败，毋宁说是双方都希望达到的一个共同目标，而推销员和客户，本来就不是对立的南北两极。

请你暂且充当一下推销高手的角色吧，我们这样画一张图：

你牵着客户的手，和他一起走向签约之路，带他去签约。客户会觉得你亲切体贴，而他的感激正是对你最好的鼓舞！

在途中，客户几乎连路都不用看（他是被人引导的嘛），只顾着欣赏你带他走过的美妙风景，而你却以亲切动人的体贴心情一路为他指引解说。

“游园”之后，客户会自动与你签约并满怀感激地向你道别。因为，达到目的，也是他一心向往的，何况这趟“郊游之旅”又是如此美妙！

有没有发觉在这里为什么要为你描述这么一幅美好与和谐的图像？因为，你把它转化到内心深处，就一定能毫无畏惧地和客户周旋。

其实，你只要打定主意在整个事件中扮演向导的角色就对了。在推销商谈的一开始，你要抓住客户的手，一路引他走到目的地。

只有你知道带客户走哪一条路最好——而到达目的地时，你要适时说声：“我们到了！”在途中，你有的是时间帮客户的忙。因此他会感激你。

正如你已经了解的道理：消极的暗示（如我不害怕）通常不会产生正面的影响力。相反，上面那样一幅正面的、无忧无惧的图像，才会被你的潜意识高高兴兴地接纳吸收，并且加以强化。

而你这位伸出援助之手的人，就当然不会害怕面对客户，一定是信心十足地请客户做决定——拿到你的合同。

2. 不绕行、不逃避，战胜自己的畏惧心理。

推销员的推销成绩与推销次数成正比，持久推销的最好方法是“逐户推销”，推销的原则在于“每户必访”。但是，并不是每一个推销员都能做到这一点。

“我家的生活水平简直无法与此相比”，面对比自己更有能力、比自己更富有、比自己更有本领的人而表现出的自卑感，使某些推销员把“每户必访”的原则变为“视户而访”。他们去过的都是什么样的门户呢？就是在心理上要躲开那些令人望而生畏的门户，而只去敲易于接近的客户的门。这种心理正是使“每户必访”的原则一下子彻底崩溃的元凶。

莎士比亚说:“如此犹豫不决，前思后想的心理就是对自己的背叛，一个人如若惧怕‘试试看’的话，他就把握不了自己的一生。”

因此，遇到难访门户不绕行、不逃避，挨家挨户地推销，战胜自己的畏惧心理，推销的前景才会一片光明。

第三章

Chapter 3

想要拉近客户关系，攻心真的很重要

1. 抛出一顶顶“高帽子”，让客户得意扬扬

1968 年，美国心理学家罗塔尔森和雅各布森做了一次有趣的试验：他们对一所小学的 6 个班的学生成绩发展预测，并把他们认为有发展潜力的学生名单用赞赏的口吻通知学校的校长和有关教师，并再三叮嘱对名单保密。实际上，这些名单的人名是他任意选取的。

然而出乎意料的是，8 个月以后竟出现了令人惊喜的奇迹：名单上的学生个个学习进步，性格开朗活泼，求知欲强，与教师感情甚笃。

为什么 8 个月之后竟会有如此显著的差异呢？

这就是期望心理中的共鸣现象。原来，这些教师得到权威性的预测暗示后，便开始对这些学生投以赞美和信任的目光，态度亲切温和，即使他们犯了错误也不会严厉地指责他们，而且通过赞美他们的优点来表示信任他们能改正，实际上他们扮演着皮革马利翁的角色。

正是这暗含的期待和赞美使学生增强了进取心，使他们更加自尊、自爱、自信和自强，奋发向上，故而出现了“奇迹”。这是由于教师的赞美、信任和爱而产生的效应。

这个故事给我们这样一个启示：赞美、信任和期待具有一种能量，它能改变人的行为，当一个人获得另一个人的信任、赞美时，他便感觉获得了社会支持，从而增强了自我价值，变得自信、自尊，获得一种积极向上的动力，并尽力达到对方的期许，以避免对方失望，从而维持这种社会支持的连续性。

如果你不相信，不妨看看这个故事：

我和船上的外科大夫，在轮船抵达直布罗陀后，上岸去附近的小百货店购买当地出产的精美的羊皮手套。店里有位非常漂亮的小姐，递给我一副蓝手套。我说，我不要蓝的。她却说，像我这种手戴上蓝手套才好看呢。这一说，我就动了心，偷偷地看了一下手，也不知怎么的，看起来果真相当好看。我想将左手的手套戴上试试，脸上有点儿发烧——一看就知道尺寸太小，戴不上。

“啊，正好！”她说道。

我听了顿时心花怒放，其实心里明知道根本不是这么回事，我用力一拉，可真叫人扫兴，竟没戴上。

“哟，瞧您肯定是戴惯了羊皮手套！”她微笑着说，“不像有些先生戴这种手套时笨手笨脚的。”

我万万没有料到竟有这么一句恭维的话。我只知道怎么去戴好手套。我再一使劲，不料手套从拇指根部一直裂到手掌心去了。我拼命想遮掩裂缝。她却一味大灌迷魂汤，我的心也索性横到底，宁死也要识抬举。

“哟，您真有经验（手背上开口了）。这副手套对您正合适——您的手真细巧——万一绷坏，您可不必付钱（当中横里也绽开了）。我一向看得出哪位先生戴得来（照水手的说法，这副手套的后卫都‘溜’走了，指节那儿的羊皮也裂穿了，一副手套只剩下叫人看了好不伤心的一堆破烂）。”

我头上给戴了七八顶“高帽子”，没脸声张，不敢把手套扔回这天仙的纤手里去。我浑身热辣辣的，又是好气，又是狼狈，戴上美女的高帽后心里还是一团高兴，恨只恨那位仁兄居然兴致勃勃地看我出洋相。我心里真有说不出的害臊，嘴上却说：“这副手套倒真好，恰恰合手。我喜欢合手的手套。不，不要紧，小姐，不要紧，还有一只手套，我到街上去戴，店里头真热。”

店里真热，我从来没有到过这么热的地方。我付了钱，好不潇洒地鞠了一躬，走出店堂。我有苦难言地戴着这堆破烂，走过这条街，然后，将那丢人现眼的羊皮手套扔进了垃圾堆。

这个故事出自美国著名大作家马克·吐温的《傻子出国记》。作家以第一人称的手法，诙谐、夸张而又淋漓尽致地描述了推销中心理力量的精彩一幕。

这位小百货店的美丽小姐，为了说服客户买她的羊皮手套，恰到好处地利用人们心理和情感等方面存在着的人性弱点，抛出一顶顶“高帽子”，让客户洋洋得意，跨入她设置的陷阱。

而这位爱面子、好虚荣、重尊严的客户，宁死也要识“她”的抬举，于是在被灌了一肚子“迷魂汤”后，在心里“害臊”和面上“开开心心”的矛盾下，戴着这副“丢人现眼”的破烂羊皮手套走人。

这里，漂亮的店员小姐紧紧抓住客户的人性弱点步步进攻，导致客户不能做出最好的选择而臣服在她的脚下。

由此可见，大多数人都喜欢听漂亮话，喜欢被人赞美，有时候明明知道这些赞美之辞都是言不由衷的话，但仍喜欢听，因为人都有虚荣心。在推销中，如果能适当地恭维客户，给他一顶“高帽子”戴戴，一旦他飘飘然，那你的推销就一定会成功。

美国一个百科全书推销员也是这样做的：当准客户露出一点点购买意向时，他立即把准客户的孩子们叫过来，对他们说：“知道吗？你们的爸爸真好！为了让你们学好知识，现在就开始给你们准备最好的书。你们要记住：你们一定要真心爱你们的好爸爸！”客户被一种神圣的气氛所感染，成交自然是顺理成章的了。

可以说，这样的赞美高手，其功力已达到炉火纯青的地步。而若是把你的掌声和鼓励不失时机地送给那些喜欢它的人。他们受到激励后会更加努力，你也将可以得到更多的回馈。

有这样一个关于鼓励的故事：一个驯兽师在训练海豚的跳高，在开始的时候他先把绳子放在水面下，使海豚不得不从绳子上方通过，海豚每次经过绳子上方就会得到奖励，它们会得到爱吃的食物，会有人拍拍它并和它玩，训练师以此对这只海豚表示鼓励。

当海豚从绳子上方通过的次数逐渐多于从下方经过的次数时，训练师就会把绳子提高，只不过提高的速度会很慢，不至于让海豚因为过多的失败而沮丧。训练师慢慢地把绳子提高，一次一次的鼓励，海豚也一步一步地跳得比前一次高。最后海豚跳过了世界纪录。

无疑是鼓励的力量让这只海豚跃过了这一载入吉尼斯世界纪录的高度。对一只海豚如此，对于聪明的人类来说更是这样，鼓励、赞赏和肯定，会使一个人的潜能得到最大限度的发挥。可事实上更多的人却是与训练师相反，起初就定出相当的高度，一旦达不到目标，就大声批评。

康涅狄格州的芭蜜娜·邓安，在公司里她的职责之一是监督一名清洁工的工作。这名清洁工做得很不好，其他的员工时常嘲笑他，并且常常故意把纸屑或别的东西丢在走廊上，以显示他工作的差劲。这种情形很不好，而且增加了他的工作量。

芭蜜娜试过各种办法，但是都收效甚微。不过她发现，他偶尔也会把一个地方弄得很整洁。于是她就趁他有这种表现的时候当众赞扬他。逐渐地，他的工作就有改进，不久之后，他已经可以把整个工作都做得很好了。

所以，作为推销员，我们需要懂得给客户带上“高帽子”，让他有种飘飘然的感觉。如此，你的推销哪能不成功？

2. 赞美若是适得其反，不如不用

好话人人爱听，但过分矫饰的赞美却让人浑身不自在。

一个推销员看准女人都希望自己年轻这一点，凡见到女性即称呼“小姐”。一次遇到一位年逾六旬、雍容华贵的老太太，直觉告诉他这是一个好客户，于是更加热心地招呼，并在寒暄中得知这位太太姓李，频频称呼她为“李小姐”。

孰料老太太觉得不妥，希望他改一下称呼，然而推销员仍然坚持要以“李小姐”来称呼，并且用十分谄媚的语气说：“外表不年轻并不重要，只要内心保持年轻就好了。”

后来老太太虽然不再表示意见，但心中不悦的情绪早已产生，拒绝与排斥的念头也开始在心中发酵。

我们经常说礼多人不怪。然而，推销员对客户总是礼遇有加，并且经常会以近乎拍马屁的态度去奉承每一个客户，将人与人之间的沟通技巧建立在取悦对方的逢迎拍马上面，这种做法其实是一种过度包装。

推销的技巧中虽然会用到一些吹嘘和称赞的语言，但若是运用不当，就会出现相反的效果。也就是说，在赞美对方时，首先要考虑到一个事实：那就是客户可以接受哪些称赞的话，倘若适得其反，不如不用。

身为推销员，反应能力一定要快，当客户表现出反感时要立即打住，避免墨守成规而形成僵化的推销局面。否则经常如此，推销能力不但不会提高，而且还会给人一种令人作呕的虚伪形象。

简单来说就是，赞美客户有助于推销员和客户形成良好的关系，进而达成交易。赞美对于推销员来说是相当重要的，它是一件好事，但绝不是一件易事。赞美客户如果不审时度势，不掌握良好的赞美技巧，即使推销员出于真诚，也十分有可能将好事变成坏事。

所以，在赞美客户时，推销员可以运用以下技巧：

1. 因人而异。

客户的素质有高低之分，年龄有长幼之别，因此要因人而异，突出个性，有所指的赞美比泛泛而谈的赞美更能收到较好的效果。

年长的客户总希望人们能够回忆起其当年雄风，与其交谈时，推销员可以将其自豪的过去作为话题，以此来博得客户的好感。对于年轻的客户不妨适当地、夸张地赞扬他的开创精神和拼搏精神，并拿伟人的青年时代和他比较，证明其确实能够平步青云；对于商人，可以赞扬其生意兴隆、财源滚滚；对于知识分子可以赞扬其淡泊名利、知识渊博等。

当然所有的赞扬都应该以事实为依据，千万不要虚夸。

2. 详细具体。

在和客户的交往中，发现客户有显著成绩的时候并不多见，因此推销员要善于发现客户哪怕是最微小的长处，并不失时机地予以赞美。让客户感觉到推销员真挚、亲切和可信，距离自然会越拉越近。

3. 情真意切。

说话的根本在于真诚。虽然每一个人都喜欢听赞美的话，但是如果推销员的赞美并不是基于事实或者发自内心，就很难让客户相信推销员，甚至客户会认为推销员在讽刺他。

4. 合乎时宜。

赞美客户要相机行事。开局赞美能拉近和客户的距离，到交易达成后再赞美客户就有些为过。如果客户刚刚受到挫折，推销员的赞美往往能够起到激励其斗志的作用。

但是如果客户取得了一些成就，已经被赞美声包围并对赞美产生抵制情绪时，再加以赞美就容易被认为有溜须拍马的嫌疑。

5. 雪中送炭。

在我们的生活中，受挫折的环境实在是太多。人们往往把赞美给予那些功成名就的胜利者。然而这种胜利者毕竟是极少数，很多人在平时处处受到打击，很难听到一句赞扬的话。

总之，推销员适时地对客户进行赞美，往往能够让客户把推销员当作知心朋友来对待。在这种环境中，最容易达成交易。当然对于推销员来说，不要心里存在任何愧疚，认为是通过和客户拉关系来推销产品，只要推销员的赞美是出于真心诚意，这种方法就是可行的。

同时，赞美不一定都要表现在言语上，通过目光、手势或者微笑都可以表达对客户的赞美之情。

3. 多倾听，你比任何时候都受欢迎

韦恩是罗宾见到的最受欢迎的人士之一。他总能受到邀请，经常有人请他参加聚会、共进午餐、担任客座发言人、打高尔夫球或

网球。

一天晚上，罗宾碰巧到一个朋友家参加一次小型社交活动。他发现韦恩和一个漂亮女士坐在一个角落里。出于好奇，罗宾远远地注意了一段时间。罗宾发现那位年轻女士一直在说，而韦恩好像一句话也没说。他只是有时笑一笑，点一点头，仅此而已。几小时后，他们起身，谢过男女主人，走了。

第二天，罗宾见到韦恩时禁不住问道："昨天晚上我在斯旺森家看见你和最迷人的女孩在一起，她好像完全被你吸引住了。你怎么吸引她的注意力的？"

"很简单，"韦恩说，"斯旺森太太把乔安介绍给我，我只对她说：'你的皮肤晒得真漂亮，在冬季也这么漂亮，是怎么做的？你去哪儿了呢？阿卡普尔科还是夏威夷？'"

"'夏威夷，'她说，'夏威夷永远都风景如画。'"

"'你能把一切都告诉我吗？'我说。"

"'当然。'她回答。我们就找了个安静的角落，接下去的两个小时她一直在谈夏威夷。"

"今天早晨乔安打电话给我，说她很喜欢我陪她。她说很想再见到我，因为我是最有意思的谈伴。但说实话，我整个晚上没说几句话。"

看出韦恩受欢迎的秘诀了吗？很简单，韦恩只是让乔安谈自己。他对每个人都这样——对他人说："请告诉我这一切。"这足以让一般人激动好几个小时。所以，人们喜欢韦恩就因为他注意他们，并且喜欢倾听他们。

假如你也想让大家都喜欢，那么就要学会尊重别人，让对方认为自己是个重要的人物，满足他的成就感，而最好的办法就是谈论他感兴趣的话题。千万不要喋喋不休地谈自己，而要让对方谈他的兴趣、他的事业、他的高尔夫积分、他的成功、他的孩子、他的爱好和他的旅行等。

让他人谈自己，然后你需要做的就是一心一意地倾听，要有耐心，要抱有一种开阔的心胸，还要表现出你的真诚，那么无论走到哪里，你都会大受欢迎。

著名推销员乔·吉拉德说过这样一句话："上帝为何给我们两个耳朵一张嘴？我想，意思就是让我们多听少说！倾听，你倾听得越长久，对方就会越接近你。"这是因为，这个世界过于急躁，每一个人再也没有耐心听别人说些什么，所有的人都在等着说，因此再也没有比拥有一个忠实的听众更令人愉快的事情了。

善于倾听能使你有好人缘，因为一般人喜欢讲，不善于听。因此，他喜欢讲，你正好喜欢听，那自然是一种特别和谐、美妙的组合。

善于倾听，意味着要有足够的好奇心，去强迫自己对别人感兴趣。如果你认为生活像剧院，自己就站在舞台上，而别人只是观众，自己正在将表演的角色发挥得淋漓尽致，而别人也都注视着自己。如果你有这种想法和习惯，那你会变得自高自大，以自我为中心，也永远学不会聆听，永远无法了解别人！

对于倾听者来说，在人际交往中，多听少说，善于倾听别人讲话是一种很高雅的素养。因为认真倾听别人的讲话，表现了对说话者的尊重，人们往往会把忠实的听众视作完全可以信赖的知己。而对于推销员而言，积极地倾听客户的谈论，还有助于了解和发现有价值的信息。

一位成功的保险推销员对如何使用倾听这个推销法宝深有体

会：

“一次，我和朋友去一位富商那儿谈生意，上午 11 时开始。过了 6 小时，我们走出他的办公室来到一家咖啡馆，放松一下我们几乎要麻木的大脑。可以看得出来，我的朋友对我谈生意的方式很满意。第二次谈判定在午餐后 2 时开始直到下午 6 时，如果不是富商的司机来提醒，恐怕我们谈得还要晚。知道我们在谈什么吗？

“实际上，我们仅仅花了半个小时来谈生意的计划，却花了 9 个小时听富商的发迹史。他讲他自己是如何白手起家创造了一切，怎么在年届 50 岁时丧失了一切，尔后又是如何东山再起的。他把自己想对人说的事都对我们讲了，讲到最后他非常动情。

“很显然，多数人用嘴代替了耳朵。这次我们只是用心去听、去感受。结果是富商给他 40 岁的儿女投了人寿险，还给他的生意保了 10 万元的险。我对自己能否做一个聪明的谈判人并不在意，我只是想做一个好的倾听者，只有这样的人才会到哪儿都受欢迎。”

事实上，很早之前，美国的科学家曾对同一批受过训练的保险推销员进行了研究。因为这批推销员受同样培训，业绩却差异很大。科学家取其中业绩最好的 10% 和最差的 10% 作对照，研究他们每次推销时自己开口讲多长时间的话。

研究结果很有意思：业绩最差的那一部分，每次推销时说的话累计为 30 分钟；业绩最好的 10%，每次累计只有 12 分钟。

不妨想想，为什么只说 12 分钟的推销员业绩反而高呢？

很显然，他说得少，自然听得多。听得多，对客户的各种情况、疑惑、内心想法自然了解很多，自然他会采取相应措施去解决问题，结果业绩自然优秀。

当然，推销员倾听时也应该注意一些技巧。通常推销员倾听客户谈话时容易出现的坏习惯就是只摆出倾听客户谈话的样子，内心却时刻等待机会将自己想说的话说完。这种沟通方式的效果是相当差的。因为推销员听不出客户的意图，听不出客户的期望，其推销自然也就没有目标。

培养倾听的技巧有以下几种方法：

1. 培养积极的倾听态度，站在客户的立场考虑问题，了解客户的需求和目标。

推销员有时候应该反问一下自己："既然客户都有耐心倾听我对产品的介绍，我又为什么没有耐心倾听客户对需求的陈述呢？"将客户的陈述当作是一次市场调查也是相当不错的主意。

2. 保持宽广的胸怀。

不要按照自己想要听到的内容来做出判断，对客户的陈述不要极力反驳，以免影响沟通的正常进行。

3. 让客户把话说完。

不要打断客户的谈话，客户也没有时间整天对你这样说下去，他的倾诉也是有限度的。推销员应该让客户把话说完，让他把自己的需求说清楚，推销员才能够依照客户的表述来决定自己该说什么和怎么说、该做什么和怎么做。

4. 不要抵制客户的话。

即使客户对推销员采取批评的态度，也应该请客户把话说完，以便找到可以解释的地方。抵制客户的话往往会导致客户对你的话也采取抵制态度。

5. 站在客户的立场上想问题。

客户的诉说是有理由的，他不会平白无故也不会不着边际，关键问题就是推销员如何理解客户的诉说。推销员应该从客户的诉说中发现客户内心的真正想法，以便采取有针对性的推销。

6. 倾听客户讲话，还必须做到耳到、眼到、心到，同时还要辅之以一定的行为和态度。我们将倾听技巧归纳如下：

身子稍稍前倾，认真倾听客户的谈话，这样是对客户的尊重。

不要中途打断客户，让他把话说完。打断客户的谈话是最不礼貌的行为。

面部要保持很自然的微笑，适时地点头，表示对客户谈话的认可。

适时而又恰当地提出问题，以配合对方的语气来表达自己的意见。

可以通过巧妙地应答，将客户的谈话引向有关推销商品的话题。

把嘴巴闭起来，以保持耳朵的清静。

用你所有的感官来倾听。别只听一半，要了解完整的内容。

用你的眼睛倾听，目光持续地接触，这样会让客户感到你在认真倾听他所谈的每一个字。

用你的身体倾听。运用肢体语言来感受，可倾身向前，脸上保持全神贯注的神情，表示对他讲话的专注。

当一面镜子。别人微笑时，你也微笑；他皱眉时，你也皱眉；他点头时，你也点头。

避免外界的干扰。必要时请秘书暂时不要把电话接进来。

避免分心。把电视、音响设备关掉，没有什么声音比你正倾听的那个人的声音更重要。

避免视觉上的分神。不要让一些景象干扰你的眼睛。

集中精神。随时注意别人，不要做其他分散精力的事，如看表、抠指甲、伸懒腰等。

倾听弦外之音，没有说出来的部分常常比说出的部分更重要。要注意对方语调、手势的变化。

别做光说不练的人，把仔细倾听当作你的行动之一。

要记住：从现在开始，对别人多听多看，将他们当作世上独一无二的人对待，你将发现你比以往任何时候更善于与人沟通。

4. 推销你的真诚，让客户产生信任感

某食品研究所生产一种蕈汁饮料，一名女大学生前往一家公司推销，她拿出两瓶样品怯生生地说："这是我们刚研制成的新产品，想请你们销售。"经理好奇地打量了一眼这个文绉绉的推销人员，正要一口回绝，却被同事叫去听电话，就随口说了声："你稍等。"

打完了一个漫长的电话，经理已忘记了这件事。这样，这位推销人员整整坐了几个小时的"冷板凳"。临下班时，经理才发觉这位等回话的大学生，感动得要请她吃饭。

面对这个讷于言辞的书生，经常与吹起来天花乱坠的推销人员打交道的老资格经理，内心一下子感到很踏实，当场拍板进货。而这个案例说明：推销人员在与客户交往中，他首先要用真诚去吸引客户。

我们知道，推销是与人打交道的工作，在推销活动中，人和产品同等重要。客户购买时，不仅看产品是否合适，而且还要考虑推销人员的形象，他们的购买意愿深受推销人员的诚意、热情和勤奋精神的影响。

据美国纽约销售联谊会统计，71% 的人之所以从你那里购买，是因为他们喜欢你、信任你、尊重你。一旦客户对你产生了喜欢、信赖之情，自然会喜欢、信赖和接受你的产品。反之，如果客户喜欢你的产品但不喜欢你这个人，买卖也难以做成。并且，推销人员只有“首先”把自己推销给客户，客户乐意与推销人员接触，愿意听推销人员介绍时，才会为推销人员提供一个推销产品的机会。

在实践中，一些推销人员不懂这一道理，见了客户张口就说买不买，闭口就问要不要，十有八九要碰壁的。其原因在于，在客户未接受你之前，推销人员谈论产品，进行推销，客户本能的反应就是推诿、拒绝，让你及早离开。

因此，推销人员与客户打交道时，他首先是“人”而不是推销人员。推销人员的个人品质，会使客户产生好恶等不同的心理反应，从而潜在地影响着交易的成败。具备良好人品是推销事业成功的基础；而待人真诚与否则是衡量人品好坏的重要标志。

被轻工部授予“改革闯将”的苏州电扇总厂销售部经理潘仁林总结出的一条销售准则是：“推销产品，更是在推销你的人品。优秀的产品只有在具备优秀人品的推销人员手中，才能赢得长远的市场。”

向客户推销你的人品，就是推销人员要按照社会的道德规范和价值观念行事，要表现出良好的道德品质：热情、善良、勤奋、自信；有毅力、懂自尊；待人诚恳、乐于助人；谦虚谨慎、尊老爱幼、富有同情心……

而向客户推销你的人品，最主要的是向客户推销你的真诚。现代推销是说服推销而不是欺骗推销，因此，推销的第一原则就是真诚。

推销人员要赢得客户的信任和喜爱，必须真诚地对待客户。齐滕竹之助认为，即使语言笨拙，只要能与对方坦诚相见，也一定能打动对方的心灵。客户不是为你的推销技巧所感动，而是为你的高尚人格所感动。

如果成为让客户信任的推销人员，你就会受到客户的喜爱，而且能够和客户形成亲密的关系。一旦形成这种关系，客户就会因为照顾你的情面，自然而然地购买你的产品。其次，推销人员要经常替客户着想，站在客户的立场上考虑问题，进行商谈。齐滕竹之助说，最要紧的是对客户想了解、期望、要求的事情全力以赴、诚心诚意地帮助他去办，尽快、尽早地提供服务；对客户接待自己并购买自己推销的商品，要经常怀着感激的心情去与客户接洽；尊重客户的想法、知识、人格、职业、地位。

推销人员在做推销时，一定要给客户以真诚的印象，只有这样，才能赢得客户的心，进而向其推销产品。

真诚、老实是绝对必要的。千万别说谎，即使只说了一次，也可能使你信誉扫地。正如《伊索寓言》所说："说谎多了，即使你说真话，人们也不会相信。"

比如，在介绍产品时要实事求是。有好说好，有坏说坏，切忌夸大其词或片面宣传。一位推销人员向客户介绍新产品"乳化橘子香精"的性能时，既讲优点，又讲缺点，末了还讲他们提高产品质量的措施。他真诚的态度赢得了用户的广泛信赖，订货量远远超过其他人。

为了你的声誉，你最好别去欺骗他人，因为被骗的人会把它告诉另一个人，而另一个人又会转告其他人。失去一桩生意并不意味着你失去了一位客户，千万别因为一次交易的微薄利益而得罪客户，而使你失去大量潜在的生意。当你予人好处的时候，影响就会像滚雪球一样越来越大，你的钱包自然就会渐渐鼓起来，而声誉也会相应得到提高。

再比如，不迟到，这是一个成功的推销人员最起码的要求，也是你博得客户好感和信任的一个关键。时间约定了，就不要迟到，永远做到比客户提前 5 分钟到达，以留下美好印象，赢得信任。早到 5 分钟，你可以有所准备，想想与客户怎么说、说什么等，这样也不至于见面时语无伦次。

所以说，真诚是推销的第一步。简单地说，真诚意味着你必须重视客户，相信自己产品的质量。

5. 谁都喜欢说话算话的人

东汉时，汝南郡的张劭和范式同在京城洛阳读书，学业结束，他们分别的时候，张劭站在路口，望着长空的大雁说：“今日一别，不知何年才能见面……”说着，流下泪来。范式拉着张劭的手，劝解道：“兄弟，不要伤悲。两年后的秋天，我一定去你家拜望老人，同你聚会。”

两年后的秋天，落叶萧萧，篱菊怒放，长空一声雁叫，牵动了张劭的情思，他不由自言自语地说：“他快来了。”说完赶紧回到屋里，对母亲说：“娘，刚才我听见长空雁叫，范式快来了，我们准备准备吧！”“傻孩子，山阳郡离这里一千多里，范式怎么来呢？”张母不相信，摇头叹息。

“一千多里路啊！”张劭说：“范式为人正直、诚恳，极守信用，不会不来。”张母只好说：“好好，他会来，我去买点儿酒。”其实，老人并不相信，只是怕儿子伤心，宽慰宽慰儿子而已。

等到约定的日子，范式果然风尘仆仆地从山阳赶到汝南。张母感叹道："天下真有这么讲信用的朋友！"范式重信守诺的故事一直为后人传为佳话。

信守承诺也就是讲信用，是忠诚的外在表现。人离不开交往，交往离不开信用，"小信成则大信也"，无论是治国持家还是做生意，讲信用都必不可少。一个讲信用的人，能够前后一致、言行一致、表里如一，人们可以根据他的言论去判断他的行为，进行正常的交往。你无法对一个不讲信用、前后矛盾、言行不一的人判断他的行为动向。对于这种人，是无法进行正常交往的。

守信是一个人最可贵的品性，诚信之人都是讲信义的，也就是说，他们说过的话一定算数，无论大事小事，一诺千金。

无独有偶，这里还有一个曾经发生在挪威音乐家爱德华·格利戈和一个乡间小姑娘之间的故事。

一次，年轻的格利戈来到乡间的森林里散步，正巧遇到了一个挎着小篮子采集鲜花和野果的 8 岁小姑娘达格妮。他们很快认识了，并且成了好朋友。

当与小姑娘分手时，格利戈抱歉地向小姑娘说他现在没有礼物可以送给她，但是他却答应要送给她一件礼物，并且说这将是一件很好的礼物，只是他又说这件礼物要等到 10 年以后才能送给她。这使小姑娘达格妮迷惘而又感激。

10 年之后，达格妮已经是 18 岁的亭亭玉立的少女了。这位美丽的守林人的女儿，第一次离开了自己的家乡，来到了祖国的首都奥斯陆，并且第一次走进了一个正在举办露天音乐会的公园里。突然，她听到了好像又带她走进了故乡的如梦如幻的大森林的美妙旋律，她不禁忽地一下从草地上站立起来。

接着，她听到了报幕员向观众报告："下一个节目，是我们的音乐大师爱德华·格利戈的最得意作品《献给守林人哈格勒普·彼得逊的女儿达格妮·彼得逊，当她年满18岁的时候》。"顿时，她感到全身沸腾了，她忆起了那个在10年前散步于她的故乡森林里的青年的承诺，那个青年所承诺的那件最好的礼物，竟是这首肯定会传遍整个挪威的当然迟早也会传到她的耳际的乐曲。这是一种多么出人意料的应诺方式啊！

信守承诺，讲究信誉，是一个人应当拥有的基本素质之一。应诺的人，守信、守时，执着于信誉甚于一时之功利。应诺的方式随人的习惯、修养、品位而异，可以是常规的、一般的信守协议、合同或"君子协定"之类，也包含十分巧妙的其他应诺的方式。

作为推销员，我们一定要记得诚信为本的为人处世之道，在你的事业中，养成守信的习惯是非常重要的。因为只有做守信的人，才会有人信任你。只有做到了一诺千金，你的事业才有望发展、壮大并蒸蒸日上。

比如，甲有管理才能，乙有一笔资金，有了这两个条件，两人就有合作的可能了。但是两人未必就能合作成功，还必须相互信任。比如甲拿了钱，得让乙相信他不会挪作他用，更不会逃之夭夭。

守信，会使人对你产生敬意，也因之会使人愿意公平地与你合作。和一个不守信用的人合作，考虑到失信的危险，人们通常会把合作的费用提高，以防万一。假如你是一个信用度不是特别高的人，那你要买别人的货物，一般是要先付款；但是如果别人知道你很讲信用，或者另一个商界同行出面说你非常可信，那么打交道的对方就可能很放心地让你把货先运走，卖完货后再付款。

一个要占大量资金，另一个近似于白手赚钱，这中间的出入，就是信用的价值。

作为一个推销员，还有一点很关键——不要轻易许诺。如果你的计算机系统需要三个月才能安装完毕，那你就不要仅仅为了拿到订单而谎称4个星期就够了。这种无法兑现的承诺常常会搅得你坐立不安，所以最好对客户实话实说。

成熟的推销人员会告诉客户，因为没有存货，他要的车可能晚一些时候才能到，之所以这样做，是因为他知道大多数人都有小孩子心理。当你对孩子说圣诞节不得不推迟几天时，他愿意耐心等候。同样，当客户要的车比推销人员许诺的日子提前到达的时候，在客户的眼里，你就成了可敬的英雄——最重要的是，客户们相信推销人员说话算数。

推销人员常常通过向客户许诺来打消客户的顾虑。如许诺承担质量风险，保证商品优质，保证赔偿客户的损失；答应在购买时间、数量、价格、交货期、服务等方面给客户提供优惠。推销人员在不妨碍推销工作的前提下，不要做过多的承诺，同时要考虑自己的诺言是否符合公司的方针政策，不能开空头支票。

总之，推销人员一旦许下诺言，就要不折不扣地实现诺言，否则便成了谎言。为了赢得交易的成功而胡乱许诺，其结果必定是失去客户信赖。

6. 不关心客户，你怎么走进他的心里

著名心理学家弗洛姆说：“为了世界上许多伤天害理的事，我

们每一个人的心灵都包扎了绷带。所有的问题都能用关心来解决。”这句话给关心下了一个最好的注解。

有一个杀人犯，被判无期徒刑，关在监狱里。因为他被判无期，而且无父母、妻子、儿女，既无人探监也无任何希望，在狱中独来独往，不与任何人打招呼。再加上他健壮又凶恶，也没有人敢惹他。

有一天，一个神父带了糖果与香烟来狱中慰问犯人。神父碰见那位无期徒刑犯，递给他一根香烟，犯人毫不理睬。神父每周来慰问，每次都给他香烟，杀人犯毫无反应，如此延续了半年之后，犯人才接下香烟，不过还是面无表情。

一年后，有一次神父除了带糖果与香烟，另外带了一箱可乐。抵达监狱后，神父才发现忘了带开瓶器，正在一筹莫展时，那个犯人出现了。他知道神父的困难后，笑着对神父说：“一切看我的。”接着，就用他锐利的牙齿把一箱的可乐都打开了。

从那一次之后，犯人不但跟神父有说有笑，而且神父在慰问犯人时，他自动随侍于左右，以保护神父。

这个故事告诉我们：真诚的关心可感化一切，就是一个毫无希望的无期徒刑犯，照样会被它所感动。一个不幸的人，一旦发觉有人关心他，往往能以加倍的关心回报对方。

戴尔·卡耐基说：“时时真诚地去关心别人，你在两个月内所交到的朋友，远比只想别人来关心他的人在两年内所交的朋友还多。”那些不关心别人，只盼望别人来关心自己的人，应时刻拿这句话告诫自己。

某汽车公司的推销员深谙这个道理，所以他每次在成交之后、客户取货之前，通常都要花上3～5个小时详尽地演示汽车的操作。

这个推销员这样说:“我曾看见有些推销员只是递给新客户一本用户手册说,‘拿去自己看看。’在我所遇见的人中,很少有人能够仅靠一本手册就能搞懂如何操作一辆这样的游艺车。我们希望客户能最大限度地满意我们的关心,因为我们不仅期望他们自己回头再买,而且期望他们介绍一些朋友来买车。

“一位优秀的推销员会对客户说:‘我的电话全天24小时都欢迎您拨打,如果有什么问题,请给我的办公室或家里打电话,我随时恭候。我们都精通我们的产品知识,一旦客户有问题,他们一般通过电话就能解决,实在不行,还可以联系别人帮忙。”

显而易见,与前者相比,后者更能赢得客户的喜欢和信任,更容易走进客户的内心,从而促使推销的顺利完成。

所以,作为推销员你应当记住:关心,关心,再关心。你要做到的是:为你的客户提供最多的优质的关心,以至于他们对想一想与别人合作都会感到内疚不已!成功的推销生涯正是建立在这类关心的基础上的。

7.注重沟通,多和客户联络联络感情

要想把潜在客户变成真正的客户,就要打消客户的顾虑,而经常拜访客户,和客户保持联系、联络感情最好的方法。

商业活动最重要的是人与人之间的关系,如果没有交流和沟通,人家就不会认为你是个“诚实的、可信赖的人”,那么许多生意是无法做成的。

而推销员必须以不同的方式接近不同类型的客户。也就是说,

推销员在决定接近客户之前，必须充分考虑客户的特定性质，依据事前所获得的信息，评估各种接近方法的适用性，避免千篇一律地使用一种或几种方法。

客户是千差万别的，每一个客户都有其特定的购买方式、购买动机和人格特征。因而，他们对不同的接近方式会有不同的感受。在某一客户看来，有些方法是可以接受的，而对另一客户，这些方法可能是难以接受的；同样，对某一客户非常有效的接近方法，对另一客户则可能毫无效果。即使是对同一客户，也不能总是使用同一种方法。

所以，与客户交流时，推销员必须尽快减轻客户的心理压力。在接近过程中，有一种独特的心理现象，即当推销员接近时，客户会产生一种无形的压力，似乎一旦接近推销员就承担了购买的义务。正是由于这种压力，使一般客户害怕接近推销员，冷淡或拒绝推销员的接近。这种心理压力实际上是推销员与客户的接近阻力。

而在绝大多数情况下，客户方面存在一种明显的压力。换句话说，购买者感到推销员总是企图推销什么东西，于是购买者本能地设置一些障碍，下意识或干扰和破坏交谈过程的顺利进行。只要能够减轻或消除客户的心理压力，就可以减少接近的困难，促进面谈的顺利进行。

具体的减压方法很多，推销员应该加以灵活运用：

1. 上门前沟通，学会使用技巧，适当地转转弯。

上门推销第一件事是要能进门。

门都不让你进，怎么能推销商品呢？要进门，就不能正面进攻，得使用技巧，转转弯。一般地，被推销者心理上有一道“防卫屏障”，如果将你的目的直接地说出来，相信你只会吃“闭门羹”。

要推销商品，进门以后就要进行“交流和沟通”，即进行对话。

交流和沟通能使客户觉得你是一位“诚实的、可以信赖的人”，这时，推销就水到渠成了。

原一平有一次去拜访一家酒店的老板。

“先生，您好！”

“你是谁呀？”

“我是明治保险公司的原一平，今天我刚到贵地，有几件事想请教您这位远近出名的老板。”

“什么？远近出名的老板？”

“是啊，根据我调查的结果，大家都说这个问题最好请教您。”

“哦！大家都在说我啊！真不敢当，到底什么问题呢？”

“实不相瞒，是……”

“站着谈不方便，请进来吧！”

就这样轻而易举地过了第一关，也取得了准客户的信任和好感。

赞美几乎是“百试爽”，没有人会因此而拒绝你。

原一平认为：这种以赞美对方开始访谈的方法尤其适用于商店铺面。那么，究竟要请教什么问题呢？一般可以请教商品的优劣、市场现况、制造方法等。

对于酒店老板而言，有人诚恳求教，大都会热心接待，会乐意告诉你他的生意经和成长史。而这些宝贵的经验，也正是推销员需要学习的。既可以拉近彼此的关系，又可以提升自己，何乐而不为呢？

2. 拜访客户时，还可以利用信函资料。

许多推销人员只将有关产品的宣传资料或广告信函留给客户就

万事大吉了，而忽视了更为重要的下一步，即“跟进推销”，因此往往如同大海捞针，收效甚微。因为许多客户在收到推销人员的信函资料之后，可能会把它冷落一旁，或者干脆扔进废纸堆里。

这时，如果推销人员及时拜访客户，就可以起到应有的推销作用。

比如，有这样一个推销人员：“您好！上星期我给您一份美菱电冰箱的广告宣传资料，您看了以后，对这一产品有什么意见？”

一般来说，对方听到推销人员的这样问话，或多或少会有一番自己的建议与看法。若客户有意购买，自然会有所表露，推销目标也告实现。

3. 推销员还可以利用名片再访客户。

可以作为下次拜访的借口，初访时不留名片。一般的推销人员总是流于形式，在见面时马上递出名片给客户，这是比较正统的推销方式，偶尔也可以试试反其道而行的方法，不给名片，反而有令人意想不到的结果。

4. 推销员还可以故意忘记向客户索取名片。

因为客户通常不想把名片给不认识的推销人员，尤其是新进的推销员，所以客户会借名片已经用完了或是还没有印好为理由而不给名片。此时不需强求，反而可以顺水推舟故意忘记这档事，并将客户这种排斥现象当作是客户给你一次再访的理由。

印制两种以上不同式样或不同职称的名片也是一种好方法。如果有不同的名片，就可以借更换名片或升职再度登门造访。

但是要特别注意的是，避免拿同一种名片给客户以免穿帮，最好在管理客户资料中注明使用过哪一种名片，或利用拜访的日期来分辨。

5. 推销员必须善于控制接近时间，不失时机地转入正式面谈。

如前所述，接近只是整个推销过程的一个环节。接近的目的不仅在于引起客户的注意和兴趣，更重要的是要转入进一步的推销面谈。

因此，在接近过程中，推销员一方面要设法引起和保持客户的注意力，诱发客户的兴趣；另一方面要看准时机，及时转入正式面谈。为了提高推销效率，推销员必须控制接近时间，沟通时必须注重良性沟通。

现代推销学的研究表明：推销员的认识和情感有时并不完全一致。因此，在推销中有些话虽然完全正确，但对方往往却因为碍于情感而觉得难以接受，这时，直言不讳的话就不能取得较好的效果。但如果你把话语磨去"棱角"，变得软化一些，也许客户就能既从理智上又在情感上愉快地接受你的意见，这就是委婉的妙用。

总之，在与客户交往时要注重沟通，运用恰当的方法、技巧就能达到很好的效果。

8. 没有信任，就无法拉近关系，更无从谈成功推销

艾丽斯长得很漂亮，从事推销工作没多久时间。她知道电话推销是最快捷、最经济的推销方式之一，也知道打电话的技巧和方法。她几乎用 60% 的时间去打电话、约访客户。她努力去做了，可遗憾的是业绩还是不够理想。

她自认为自己的声音柔美、态度诚恳、谈吐优雅，可就是约访不到客户。

一天，她心生一计。她想到打电话最大的弊端是看不到对方的人，不知道对方长什么样子，缺乏信赖感。为什么不想方设法让对方看到自己呢?

于是，她从影集里找出一张最具美感和信赖感的照片，然后把照片扫描到电脑里去，以电子邮件的形式发给客户，当然会加一些文字介绍。同时，她又把照片通过手机发到不方便接收电子邮件的客户手机上去。

一般情况下，她打电话给客户之前，先要告诉对方刚才收到的邮件或短信上的照片就是她。当客户打开邮件或短信看到她美丽的照片时，感觉立即就不一样了，对她多了几分亲近，多了几分信赖。从此，她的业绩扶摇直上。

赢得客户的信任，你才能成功地完成推销工作。如果你不能获得客户的信任，怎么能让人和你成交呢?客户买你的产品，同时买的也是对你的信任。

杰克是一位推销员，他认识一位客户，她是一位高高兴兴的小老太太。她对任何陌生人都持有戒心，之所以同意与杰克见面，纯粹是因为她的律师做了引荐。

她一个人住，对任何一个她不认识的人都不放心。杰克在路上时，给她家里打了一个电话，然后抵达时又打了一个电话。她告诉杰克律师还未到，不过她可以先和他谈谈。这是因为之前杰克和她说了几次话，让她放松了下来。当这位律师真正到来时，他的在场已经变得无关紧要了。

杰克第二次见到这位准客户时，发现她因为什么事情而心神不宁。原来，她申请了一部“急救电话”，这样当她有病时，就可以寻求到帮助。社会保障部门已经批准了她的申请，但一直没有安装。杰克马上给社会保障部门打电话，当天下午就装好了这部“急救电话”，杰克一直在她家里守候到整个事情做完。

从那时起，这位客户对杰克言听计从，给予了他彻底的信任，因为杰克看到了困扰她的真正事情。现在，她相信杰克有能力满足她的欲求和需要。这个“额外”的帮忙好像使得杰克的投资建议几乎变得多余。这些投资建议是杰克当初出现在她面前的主要原因，虽然那时她对此并无多大兴趣。

杰克说：“信任有许多源头。有时候，它赖以建立的物质基础和你的商业的建议没有任何关系，而是因为你——作为一名推销员——做了一些额外的小事。恰恰是这点儿小事，可以为你带来意想不到的收获。”

得到别人如此的信任也是一份不小的荣耀。想必很多人都有这么一个体会：信任会因最奇怪的事情建立，也会被最无关紧要的事情摧毁。

人们购买的是对你的信任，而非产品或服务。一个推销员所拥有价值最高的东西是客户的信任。成功的推销是感情的交流，而不只是商品。

取得客户的信任有很多种方法，现代营销充满竞争，产品的价格、品质和服务的差异已经变得越来越小。推销人员也逐步意识到竞争核心正聚焦于自身，懂得“推销产品，首先要推销自我”的道理。要“推销自我”，首先必须赢得客户的信任，没有客户信任，就没有展示自身才华的机会，更无从谈起赢得推销成功的结果。

要想取得客户的信任，可以从以下几个方面去努力：

1. 自信 + 专业。

我们也应该认识到：在推销人员必须具备自信的同时，一味强调自信心显然又是不够的，因为自信的表现和发挥需要一定的基础——“专业”。

也就是说，当你和客户交往时，你对交流内容的理解应该力求有“专家”的认识深度，这样让客户在和你沟通中每次都有所收获，进而拉近距离，提升信任度。另一方面，自身专业素养的不断提高，也将有助于自信心的进一步强化，形成良性循环。

2. 坦承自己的细微不足。

“金无足赤，人无完人”是至理名言，而现实中的推销人员往往有悖于此。他们面对客户经常造就“超人”形象，及至掩饰自身的不足，对客户提出的问题和建议几乎全部应承，很少说“不行”或“不能”的言语。

从表象来看，似乎你的完美将给客户留下信任；但殊不知人毕竟还是现实的，都会有或大或小的毛病，不可能做到面面俱美，你的“完美”宣言恰恰在宣告你的“不真实”。

3. 帮客户买，让客户选。

推销人员在详尽阐述自身优势后，不要急于单方面下结论，而是建议客户多方面了解其他信息，并申明：相信客户经过客观评价后会做出正确选择的。

这样的沟通方式能让客户感觉到他是拥有主动选择权利的，和你的沟通是轻松的，体会我们所做的一切是帮助他更多地了解信息，并能自主做出购买决策。从而让我们和客户拥有更多的沟通机会，最终建立紧密和信任的关系。

4. 成功案例，强化信心保证。

许多企业的销售资料中都有一定篇幅介绍本公司的典型客户，推销人员应该积极借助企业的成功案例，消除客户的疑虑，赢得客户的信任。

多年来，推销大师贝特格经手了很多保险合同，投保人在保险单上签字，他都复印一份，放在文件夹里。他相信，那些材料对新客户一定有很强的说服力。

与客户的会谈末尾，他会补充说:“先生，我很希望您能买这份保险。也许我的话有失偏颇，您可以与一位和我的推销完全无关的人谈一谈。能借用电话吗?”然后，他会接通一位“证人”的电话，让客户与“证人”交谈。“证人”是他从复印材料里挑出来的，可能是客户的朋友或邻居。有时两人相隔很远，就要打长途电话，但效果更好。

初次尝试时他担心客户会拒绝，但这事从没发生过。相反，他们非常乐于同“证人”交谈。

无独有偶，一个朋友也讲了他的类似经历。他去买电烤炉，产品介绍像雪片一样飞来，他该选谁?

其中有一份因文字特别而吸引了他:“这里有一份我们的客户名单您的邻居就用我们的烤炉，您可以打电话问问，他们非常喜欢我们的产品。”

朋友就打了电话，邻居都说好。自然，他买了那家公司的烤炉。

在借用成功案例向新客户做宣传时，不应只是介绍老客户名称，还应有尽量详细的其他客户的资料和信息，如公司背景、产品使用情况、联系部门、相关人员、联络电话及其他说明等，单纯告知案例名称而不能提供具体细节的情况，会给客户留下诸多疑问。比如，怀疑你所介绍的成功案例是虚假的，甚至根本就不存在。

所以细致介绍成功案例，准确答复客户询问非常重要，用好成功案例能在你建立客户信任工作上发挥重要作用——“事实胜于雄辩”。

9. 沟通上下功夫，把潜在客户变成真正的客户

你已经拥有了一个明确的目标，却不代表你已经实现了这个目标。在目标和现实中间，还有一段很长的路要走。

你找到了你的潜在客户，可是光有潜在客户是不够的，你必须使他们成为你真正的客户，你必须在“怎样才能使你的潜在客户下决心购买你的产品”上下功夫。

比如你正在向一位零售客户推销服装，她喜欢那件衣服却犹豫不决。你说:“让我想想，您最迟要在下周日拿到衣服。今天是星期五，我们保证在下周六把货送到。”

你不必问她是否想买，你只是假设她想买，除非有明显的障碍（如没有能力支付），否则你将当场完成推销。

若改变推销方法，问她:“您想什么时间拿到这件衣服？”

那么她一定会犹豫不决，如果你有些犹豫，那么你的客户也会犹豫；假如你有胆怯的心理，那么她也会有同感。因此，你必须充满自信，显得积极有力。

不妨看看下面的例子:

一位管理顾问正想租用昂贵的曼哈顿写字楼。租赁代理知道他的经济情况，向他推荐了一套又一套的房间，从未想过她的潜在客户会不租房子，只是在想:哪一套房间最适合我的客户？

在介绍不同的办公室之后，她断定该是成交的时候了。

她把潜在客户带进了一套房间。在那里，他们俯瞰东江，她问道:“你喜欢这江景吗?”

潜在客户说:“是的，我很喜欢。”

然后，推销人员又把客户带到另一套房间，问他是否喜欢那天空的美景。

“非常好。”那客户回答。

“那么，您比较喜欢哪一个呢?”

客户想了想，然后说:“还是江景。”

“那太好了，这当然就是您想要的房间了。”推销人员说。

真的，那位潜在客户没有想到拒绝，他租用了。

自始至终你只需善意地假设客户会买，然后平静地达成交易。

又例如:当承包商赛莫·霍瑞——他那个时代的最伟大的推销人员之一，开始同富兰克林·屋尔斯讨论关于兴建美国的屋尔斯大厦时，他们完全陷入了对立状态。

经过另一次毫无收获的拜访（同样的逃避和犹豫），霍瑞略微表现出不满，他站起身来，伸出手说:“我来做一个预测，先生，您将会建造世界上最宏伟的大厦，到那时我愿为您效劳。”

他走了。

几个月之后，当大厦开始动工时，屋尔斯对这位高级推销人员说:“还记得那天早晨你说的话吗?你说，如果我要建造世界上最宏伟的大厦，你将为我效劳。”

“是的。”

“噢，我一直铭记在心。”

当然，你没有推销上百万美元的大厦，但同样的推销技巧也会对你的产品或服务奏效的。

带着与推销屋尔斯大厦同样的假设、同样的自信、同样的安详和信念，你也将会达成交易。还在等什么呢？你知道你的潜在客户一定会买！

同时，推销员还可以通过利用各种关系，来拉近与潜在客户之间的关系。

比如你是客户，当你拿起响着的电话时，听筒另一端传来声音：

“嗨，您是钟先生吗？”

“你是……”

“您好，我是雷佛汽车公司的苏西。”

“喔。”

你不想和这家伙谈话，想挂断电话。且让我们换个剧本瞧瞧：

电话铃响了，你拿起听筒。

“喂？”

“嗨，您是钟先生吗？”

“你是……”

“钟先生，我是雷佛汽车公司的苏西，你妹妹蓓琪让我打电话给您。”

“喔，嗨！”

不管你打电话的技巧多么高明，不管你在潜在客户身上下了多少工夫，不管你的商品和服务多么棒，这一切全比不上别人的推荐来得有效。你或许能借潜在客户的朋友、亲戚、生意伙伴，甚至他老板的名义，将自己介绍给他。有了熟人的介绍，你就已经跨入门内，赢得他的注意和信任。

此外，经由客户推荐往往能促成潜在客户的出现，因为客户很少会介绍那些对你的商品完全不感兴趣的人给你。

那么，你要如何赢得推荐？

这得靠你自己开口问了。当交易完成后，你不妨请客户介绍其他人给你，但这个过程并不如想象中那样容易。如果你只问客户，他有没有朋友想买汽车、小狗或电脑，他大概会随口答说“没有”或“目前没有”。这种答案，千万别信以为真！

你的客户可能在一个星期里曾遇见许多人，但在你问他的那一瞬间，他很难立即给你一个比“没有”或“目前没有”更好的答案，因为他不可能马上回想起所有曾见过的人，更别说那些人的个性或他们有些什么需要。

第四章

Chapter 4

创造有说服力的声音，拨动客户的心弦

1. 一句话十样说，练就好的口才

推销员的武器是语言，“工欲善其事，必先利其器”。一个推销员如果没有良好的语言功底，是不可能取得推销的成绩的。

一句话十样说，就看怎么去琢磨。向客户介绍自己的产品或在商务谈判时，遣词造句是很重要的，它关系着订单签还是不签。

缺乏经验的推销员们似乎并不明白遣词造句所能产生的力量。他们往往对自己的话随意发挥，不是很讲究语言的艺术。他们有时所使用的词语确实没有太多的价值，甚至对于整个推销过程是十分有害的。

在实际推销中，很多平庸的推销员都是凭个人的直觉进行推销，对如何说话更能达到洽谈目的，更能说服客户并不在意，也很少考虑。但恰恰语言上这些看似微不足道的细节却正是阻碍洽谈成功的重要因素。

比如，平庸的推销员洽谈时常用以“我”为中心的词句，不利于与客户发展正常关系，洽谈气氛冷淡，洽谈成功率低。而聪明的推销员应该多使用“您”字，他们更善于了解客户的心理，利用绝好的口才为自己赢得机会。

有一天，贝特格访问某公司总经理。

贝特格拜访客户有一条规则，就是一定会做周密的调查。根据调查显示，这位总经理是个“自高自大”型的人，脾气很怪，没有什么爱好。

这是一般推销员最难对付的人物，不过对这一类人物，贝特格倒是胸有成竹、自有妙计。

贝特格首先向前台小姐自报家门：“您好，我是贝特格，已经跟贵公司的总经理约好了，麻烦您通知一声。”

“好的，请等一下。”

接着，贝特格被带到总经理室。总经理正背着门坐在老板椅上看文件。过了好一会儿，他才转过身，看了贝特格一眼，又转身看他的文件。

就在眼光接触的那一瞬间，贝特格有种讲不出的难受。

忽然，贝特格大声地说：“总经理，您好，我是贝特格，今天打扰您了，我改天再来拜访。”

总经理转身愣住了。

“你说什么？”

“我告辞了，再见。”

总经理显得有点儿惊慌失措。贝特格站在门口，转身说：“是这样的，刚才我对前台小姐说给我一分钟的时间让我拜访总经理，如今已完成任务，所以向您告辞，谢谢您，改天再来拜访您。再见。”

走出总经理室，贝特格早已浑身是汗。

过了两天，贝特格又硬着头皮去做第二次拜访。

“嘿，你又来啦，前几天怎么一来就走了呢？你这个人蛮有趣的。”

“啊，那一天打扰您了，我早该来向您请教……”

“请坐，不要客气。”

由于贝特格采用“一来就走”的妙招，这位“不可一世”的准客户比上次乖多了。所以说，推销员应该仔细推敲自己的遣词造句，做到对自己的说话方式和技巧有独到的把握，这是成为优秀推销员的必备条件之一。

查克是最好的电话探寻员，他相貌确实不怎么样，不过，他有个优美的、有磁性的嗓音，而且很招人喜欢，特别是管理人员的助理。他非常善于与那些人相处，他和助理们聊天，交换些俏皮话，他会这样说："伙计，你听上去真不赖，在一个星期三的早上，你拣到钱了吗？"

说些这样的话后，他会说："顺便问一句，你的老板在不在？"然后很快，主管的电话就会被接通；有时，那些主管是位置高如波音公司董事会主席的人。

与主管接通后，他会说："伙计，你比一个远在欧洲的参议员还难找。"这将毫无例外地引起一阵大笑。他会接着说："你知道，我找到了你可以将钱全部带走的办法。"

主管会说："是吗，什么办法？"

查克会回答："美国银行的分行遍布整个地球。"他不用等很长时间就可以从主管那儿得到回应，然后，他就会安排一个约见。

当查克的老板前去拜访这位主管时，这位主管会对查克没能同来感到失望，他会这样说，我希望你懂得的和查克一样多。当然，查克对这个计划几乎一无所知。他只是安排约见。

2. 学会推开"寒暄"之门

推销过程中有几个环节很关键，做好这些关键环节以后，你也能做得很好，轻松掌握推销语言的魅力就不再遥远。

在推销过程中的谈话，有些属于较为正式的，其言语本身就是信息；也有些属于非正式的，言语本身未必有什么真正的含义，这种交谈只不过是一种礼节上或感情上的互酬互通而已。

比如，我们日常生活见面时的问候以及在一些社交、聚会中相互引荐时的寒暄之类。当你与客户相遇时，会很自然地问候道：“你好啊”“近来工作忙吗，身体怎样”“吃过饭了吗”，此时对方也会相应地回答和应酬几句。这些话常常没有特定的意思，只是表明：我看见了你，我们是相识的，我们是有联系的，仅此而已。

寒暄，既然是非正式的交谈，所以在理解客户的话时，不必仔细地回味对方每一句问候语的字面含义。然而，寒暄也具有非常重要的作用，一旦用错了，就会导致谈话的失败。

现实生活中，常常由于对别人的一些一般的礼节性问候做出错误的回应，而误解对方的意思。不同文化背景的人，就更易发生这种误解。

比如中国人见面喜欢问“吃过饭了吗”，说这句话的人也许根本没有想过请对方吃饭。但对一个不懂得这句话是一般问候语的外国人而言，就可能误以为你想请他共餐，结果会使你很尴尬。

再比如，两个人见面，一方称赞另一方：“你气色不错”“你这件衣服真漂亮”，这是在表示一种友好的态度，期望产生相悦之感。在中国人之间，彼此谦让一番，表示不敢接受对方的恭维，这也是相互能理解的。但是对一个外国人来说，可能会因你的过分推让而感到不快，因为这意味着你在拒绝他的友好表示。

寒暄本身不正面表达特定的意思，但它却是在任何推销场合和人际交往中不可缺少的。在推销活动中，寒暄能使不相识的人相互认识，使不熟悉的人相互熟悉，使单调的气氛活跃起来。

你与客户初次会见，开始会感到不自然，无话可说，这时彼此都会找到一些似乎无关紧要的“闲话”聊起来。闲话不闲，通过几句寒暄，交往气氛一经形成，彼此就可以正式敞开交谈了。所以寒暄既是希望交往的表示，也是推销的开场白。

寒暄的内容似乎没有特定限制，别人也不会当真对待，但不能不与推销的环境和对象的特点互相协调，真所谓“到什么山上唱什么歌”。古人相见时，常说“久闻大名，如雷贯耳”，今天谁再如此问候，就会令人感到滑稽；外国人常说的“见到你十分荣幸”之类的客套话，中国人却不常说。

所以，我们在推销开始时的寒暄与问候，自然也应适合不同的情况，让人听来不觉突兀和难以接受，更不能让人觉得你言不由衷、虚情假意。

当然，除此之外，推销员还要注重寒暄和问候中的对话形式。

作为推销场合的谈话，既不同于一个人单独时的自说自话，也不同于当众演讲，而是推销双方构成的听与讲相配合的对话。对话的本质并非在于你一句我一句的轮流说话，而在于相互之间的呼应。

瑞士著名心理学家皮亚杰把儿童的交谈方式分为两种：当一个儿童进行社交性交谈时，这个孩子是在对听者讲话，他很注意自己所说的观点，试图影响对方或者说实际上是同对方交换看法，这就是一种对话的方式。但作为儿童的自我中心式的谈话时，孩子并不想知道是对谁讲话，也不想知道是不是有人在听他讲。他或是对他自己讲话，或者是为了同刚好在那里的任何人发生联系而感到高兴。

7 岁以下的儿童就常沉溺于这种自说自话中，且看两位 4 岁的儿童是怎样交谈的：

汤姆："今晚我们吃什么？"

约翰："圣诞节快到了。"

汤姆："吃烧饼和咖啡就不错了。"

约翰："我得马上到商店买电子玩具。"

汤姆："我真喜欢吃巧克力。"

约翰："我要买些糖果和一双皮鞋。"

这与其说是两人在对话，倒不如说是被打断了的双人独白。在推销双方的交谈中，有时也会出现这种现象。有的人习惯于喋喋不休，急于要把自己心中所想的事情倾吐出来，而不大顾及对方在想什么和说什么，以至于对方只能等他停下来喘口气时才有机会插进几句话。如果推销双方都是各顾各地抢着说话，那么真正听进对方的话都很少，只是白白做了许多都是无效的劳动罢了。

一旦如此，即便你的寒暄再热情，恐怕也无法拉近与客户之间的距离。真正的推销对话，应该是相互应答的过程，自己的每一句话应当是对方上一句话的继续。对客户的每句话做出反应，并能在自己的说话中适当引用和重复。这样，彼此间就会取得真正的沟通。

在寒暄的过程中，推销员还要挑选客户最感兴趣的主题，必须懂得每个客户的想法都一样，他们总希望能谈自己喜欢和感兴趣的话题，或是谈自己的事情。

3. 不要让客户说"还好"，把他的心里话引出来

推销人员要与客户保持联系，打电话或顺道拜访都可以，而且

这些行动得在你的产品一送到他手上，或你一开始提供服务时就开始进行。你得探询他对产品是否满意，如果不是，你得设法让他心满意足。

要注意的是，千万别问他："一切都还顺利吗？"

你的客户一定会回答："喔！还好啦！"

然而，事实未必如此，他也许对你的商品不满意，但他不见得会把他的失望和不满告诉你，可是他一定会跟朋友吐苦水。

如此一来，名声毁了，介绍人跑了，生意也别想再继续了。

难道你不想给自己一次机会，让客户满意吗？

你曾在外面享用丰富美味的大餐吗？你认为，花 75 美元在一个豪华餐厅里吃一餐很划算，因为听说餐厅提供高级波尔多葡萄酒、自制意大利通心粉，还有新鲜蔬菜沙拉配上适量的蒜泥调味汁，松软可口的提拉米苏奶糕，让人赞不绝口。

可是，如果……如果每道菜都让你不满意，酒已变味，通心粉煮得烂糊糊的，生菜沙拉里放了太多蒜泥，让你吃得一嘴蒜臭，不敢跟约会的朋友开口，提拉米苏奶糕又硬又干，那就更不用说了。

餐后，老板亲自走上来，拍拍你的肩膀问："怎么样，吃得还满意吗？"

你会回答："还好！"

不必疑惑为什么每个人都回答"还好"，反正人就是如此。

如果换个说词呢？假设老板问："有什么需要改进的地方吗？"

这种坦然的问话会让你开口，你会说："葡萄酒发酸，通心粉黏糊糊的，提拉米苏奶糕又硬又干，最糟的就是生菜沙拉，你们的厨师到底懂不懂'适量的蒜味'是什么意思？"

这些话听起来很刺耳，但是老板已表明态度，他很在意自己的餐厅，期待你将这一餐的真正的感受表达出来。而你照实说了，这等于是给他改善不足的机会。

他可能会如此回答：

“服务不佳，实在是非常对不起，您能说出真切感受，真是非常感激。请给我机会表达歉意。我们的大厨感冒，餐厅雇用的二厨看来无法达到我们要求的标准，我们会换一个新的。一个星期之内，当我们的大厨回来，盼望您再度光临，至于今天这一餐，您不用付任何费用。”

你必须用适当的问法，将客户的真心话引出来。如果客户发现你的产品或服务有问题，你要设法弥补。只要你有心改善，客户一定会留下好印象。如此一来，你的生意就能延续不断了。

记住：不要让客户说“还好”，要让他将心里的话说出来。

4. 锁定决定者，避免浪费自己的时间

一般来说，推销活动中的决定者都是一群人中的中心人物，找到他，你的话才能向对的人说，才能更具有说服力。所以，在推销的过程中，我们要积极开发中心人物，避免浪费自己的时间。

开发有影响力的中心人物，最好利用中心开花法则。中心开花法则就是推销人员在某一特定的推销范围里发展一些具有影响力的中心人物，并且在这些中心人物的协助下，把该范围里的个人或组织都变成推销人员的准客户。实际上，中心开花法则也是连锁介绍法则的一种推广运用，推销人员通过所谓“中心人物”的连锁介绍，开拓其周围的潜在客户。

中心开花法则所依据的理论是心理学的光环效应法则。心理学原理认为：人们对于在自己心目中享有一定威望的人物是信服并愿意追随的。因此，一些中心人物的购买与消费行为，就可能在他的崇拜者心目中形成示范作用与先导效应，从而引发崇拜者的购买与消费行为。

实际上，任何市场概念内及购买行为中，影响者与中心人物是客观存在的，他们是“时尚”在人群传播的源头。只要了解确定中心人物，使之成为现实的客户，就有可能发展与发现一批潜在客户。

利用这种方法寻找客户，推销人员可以集中精力向少数中心人物做细致的说服工作；可以利用中心人物的名望与影响力提高产品的声望与美誉度。但是，利用这种方法寻找客户，把希望过多地寄托在中心人物身上，而这些所谓中心人物往往难以接近，从而增加了推销的风险。如果推销人员选错了消费者心目中的中心人物，有可能弄巧成拙，难以获得预期的推销效果。

在你推销商品时，常常有这样的情况：一个家庭或一群同伴们来跟你谈生意、做交易，这时你必须先准确无误地判断出其中的哪位对这笔生意具有决定权，这对生意能否成交具有很重要的意义。如果你找对了人，将会给你的生意带来很大的便利，也可让你有针对性地与他进行交谈，抓住他某些方面的特点，把你的商品介绍给他，让他觉得你说的正是他想要的商品的特点。

相反，如果你开始就盲目地跟这一群人中的某一位或几位介绍你的商品如何如何，把真正的决定者冷落在一边，这样不仅浪费了时间，而且会让人看不起你，认为你不是生意上的人，怎么连最起码的信息——决定权掌握在谁手里都不知道，那你的商品又怎能令人放心。

如何确定谁是这笔交易的决定者，很难说有哪些方法，只有在长期的实践过程中，经常注意这方面的情况，慢慢摸索客户的心理，才能做到又快又准确地判断出谁是决定者。

不过，这里可介绍几种比较常见但又比较容易让人判断错的情况。

1. 追随其他人目光，找到决定者。

当你去一家公司推销沙发时，正好遇到一群人，当你向他们介绍沙发时，他们中有些人听得津津有味，并不时地左右察看或坐上去试试，同时向你询问沙发的一些情况并不时地做出一些评价等。

而有些人则对沙发无动于衷，一点儿也不感兴趣，站在旁边，似乎你根本就不在旁边推销商品。这两种人都不是你要找的决定人。

当你向他们提出这样的问题:“你们公司想不想买这种沙发”“我觉得这沙发放在办公室里挺不错的，贵公司需不需要”，他们便会同时看着某一个人，这个人便是你应找的公司领导，他能决定是否买你的沙发。

2. 父亲大多数是决定者。

当你在推销洗衣机时，一个家庭的几位成员过来了，首先是这位主妇说:“哦，这洗衣机样式真不错，体积也不大。”然后长子便开始对这台洗衣机大发评论了，还不停地向你询问有关的情况。

这时你千万不要认为这位长子便是决定者，从而向他不停地讲解，并详细地介绍和回答他所提出的问题，而要仔细观察站在旁边不说话，但眼睛却盯着洗衣机在思索的父亲，应上前与他搭话:“您看这台洗衣机怎么样，我也觉得它的样式挺好。”

然后再与他交谈，同时再向他介绍其他的一些性能、特点等。因为这位父亲才是真正的决定者，而你向他推销、介绍，比向其他人介绍有用得多，只有让他对你的商品感到满意，你的交易才可能成功，而其他人的意见对他只具有参考价值。

3. 改变提问方式，判断谁是决定者。

在有些场合下，你一时难以判断出谁是他们中的决定者，这时你可以稍微改变一下提问的方式。比如，你可以向这群人中的某一位询问一些很关键、很重要的问题，这时如果他不是领导者，他肯定不能给你准确明了的答复，而只是一般性的应答或是让你去找他们的领导。

如果你正碰上领导者，那么他就能对你提出的重要的问题给予肯定回答。这种比较简单的试问法，可以帮你尽快地、准确地找到你所想要找的决定者。因此，能使你更有效地进行推销活动，避免了时间上的浪费，提高了你的商品推销说明的效率。

推销人员可以在某一特定的推销范围里发展一些具有影响力的中心人物，并且在这些中心人物的协助下，把该范围里的个人或组织都变成推销人员的准客户。

5. 开动脑筋，积极思考应对策略

有一天，伟大的推销员金克拉预定在南卡罗来纳州格林贝尔市进行演讲，他先向那里的一家旅馆写了预订客房的信。

他以为房间已经预订好了，可是，在踏入那个高级旅馆大厅的一瞬间，就觉察到情况不太妙。这是因为在大厅后方的告示板上有一段文字，大意是："敬致旅客，10 月 11 ~ 15 日请不要在南卡罗来纳州格林贝尔市逗留，因为这里正举行纺织品周活动。在 1 周内以格林贝尔为中心 80 公里以内的旅馆全都满员，房间都是 1 年前预订的。"

金克拉走近服务台，大胆地对分配房间的服务小姐说："我叫齐格·金克拉，能不能让我查一下我的订房信呢？"

那位服务小姐问："有过预约吗？"

"有啊，我是用信预约的。"

"什么时候写的信？"那位小姐又问道。

"那是很早以前的事了。"

"大概有多长时间了？"

"大概在 3 周以前吧。而且还打过电话，请看一下记录。"

"金克拉先生，我不得不说……"

"不，请等一下。"金克拉打断了那位服务小姐的话。

恰在这时，又一位服务小姐出现了，原先那位小姐像遇到了救星似的，把金克拉介绍给这位名叫凯端的小姐。凯瑞小姐说："金克拉先生，今天晚上……"

金克拉打断了她："请等一下，不要再多说了。能否先回答我两个问题？"

"行啊。"

"第一个问题：你是否认为自己是个正直的人？"

"嗯，那是自然的。"

"好吧，那我就提第二个问题：如果美国大总统从那个门进来，站在你的正前方说'给我找一套房间'的话，请你讲出真实的情况，你是不是会给他准备一套房间呢？"

“嘿，金克拉先生，如果是美国大总统来到这里，我肯定要为他准备一套房间，这样做恐怕你我都能理解吧？”

“我们两人都是正直的人，都能讲真话。你明白我的意思，今天大总统并没有来，所以，请你让我使用他的房间吧！”

那天晚上，金克拉先生如愿以偿地住进了旅馆。而在这之前，主办演讲的单位本想为他订一间客房，但失败了，尽管旅馆老板的秘书是这个单位某职员的夫人。

金克拉之所以能住进旅馆，不是因为别的，只是因为他提出的问句。通过对这两个问句的回答，凯瑞小姐已经把自己“塑造”成了一个“正直”的人，一个不讲假话的人，若再说实在是没有房间的话，就会前后矛盾。为了维护自身的形象，唯一的办法就是给金克拉一个房间。

事实上，很多时候开动脑筋，积极思考应对策略，你就一定能像金克拉先生那样在不可能的情况下达到自己的目的。只要你肯开动脑筋，一切不可能都会变成可能。

在与客户沟通的时候，推销员还可以利用“刺猬”反应式的说话技巧，这对于沟通也很有效。

所谓“刺猬”反应，其特点就是你用一个问题来回答客户提出的问题，用自己的问题来控制你和客户的洽谈，把谈话引向推销程序的下一步。

让我们看一看“刺猬”反应式的说话技巧。

客户：“这项保险中有没有现金价值？”

推销人员：“您很看重保险单是否具有现金价值的问题吗？”

客户：“绝对不是。我只是不想为现金价值支付任何额外的金额。”

对于这个客户，你若一味向他推销现金价值，你就会把自己推到河里去，一沉到底。这个人不想为现金价值付钱，因为他不想把现金价值当成一桩利益。这时，你应该向他解释现金价值这个名词的含义，提高他在这方面的认识。

一般地说，提问要比讲述好，但要提出有分量的问题并不容易。简而言之，提问要掌握两个要点：

提出探索式的问题，即发现客户的购买意图以及怎样让他们从购买的产品中得到他们需要的利益，从而就能针对客户的需要为他们提供恰当的服务，使买卖成交。

提出引导式的问题，即让客户对你打算为他们提供的产品和服务产生信任。还是那句话，由你告诉他们，他们会怀疑；让他们自己说出来，就是真理。

在你提问之前还要注意一件事——你问的必须是他们能答得上来的问题。

最后，根据洽谈过程中你所记下的重点，对客户所谈到的内容进行简单总结，确保清楚、完整，并得到客户一致同意。

例如："王经理，今天我跟您约定的时间已经到了，很高兴从您这里得到了这么多宝贵的信息，真的很感谢您！您今天所谈到的内容一是关于……二是关于……三是关于……是这些，对吗？"

总之，推销员在与客户交流时，要积极开动脑筋，善于思考和提问，以便让自己的声音更具有说服力。

6. 有效聆听，关注客户的非语言信号

聪明的人，从来都不会只是用耳朵来听别人说话，他更多的是

用眼睛来判断对方想说却又没说出来的话。

任何人如果学会仔细观察他人的身体语言信号，对于自己的工作和个人生活都会获益匪浅。非语言信号，不仅能够传递大量的个人信息，而且还能培养自己对事物的敏感性，有利于同他人建立良好的人际关系。如果人们能够发现并解读他人发出的各种信号，而且能够适时地做出适当的反应，那么，无论是在人际关系、讨论、谈判还是在推销访问等方面，他都能占尽优势，控制局面。

如果能够通过身体语言了解对方的心思与情绪，同时自己能够适时地做出反应，一般地，你就可以引出自己想要的结果。从其他人的身体语言中，人们可以知道自己应该何时改变应对措施，以及如何去改变应对措施。比如，应该何时改变自己的推销访问策略、产品展示会日程，或者个人风格等。

也就是说，在推销人员与客户的推销谈话中，需要适时加入一点儿新东西，比如，调整自己的身体语言，多展示一些产品的好处，或者采取其他技巧来实现自己的推销目标。

从对方的身体语言反应中，我们可以知道对方究竟了解到了多少谈话的内容。如果对方表现出一脸呆滞的样子，或者只是木然的凝视，那么，我们就可据以推断出：对方已经分心，或者说对方在想自己的心事了。此时，说话者可以暂停片刻，或者问一问聆听者是否了解刚才说的话，或者说话者再重复一遍刚才说过的重点，给对方多一点儿时间来消化、吸收信息。

一般地说，洞察力强的推销人员都知道，在推销过程中，非语言信号的影响力要比单纯的语言的影响力大得多。当推销人员越来越熟练地解读对方的非语言信号时，他们就能更快、更容易地抓住每一个稍纵即逝的成交机会。

除了能正确解读肢体语言外，推销员还要注意客户说话的语调。

一个人是友好还是有敌意，是冷静还是激动，是诚恳还是虚假，是谦恭还是傲慢，是同情还是讥笑，都可以通过声调表现出来，而言语本身有时倒并不显得十分重要，因为词语的含义是会随着声调而变化的。

恰当而自然地运用声调，是顺利交往和推销成功的条件。一般情况下，柔和的声调表示坦率和友善，在激动时自然会有颤抖，表示同情时略为低沉。不管说什么话，阴阳怪气的，就显得冷嘲热讽；用鼻音哼声往往表示傲慢、冷漠、恼怒和鄙视，是缺乏诚意的，自然会引起别人的不快。

比如，你想问推销对手一个不懂或不敢肯定的问题，你以讨教的口气，说得十分谦虚和诚恳，这样别人就乐于告诉你，相互之间就会感到很默契。可在有的时候，你可能不肯放下架子，耻于下问，生怕被别人看轻了，于是就会以一种考察别人的口气发问，似乎自己早已知道，只是想考考对方而已。这样，别人会感到你没有诚意，也就不会郑重其事地回答你；相互间就有了一层隔膜。

如果你还带着鼻音发问，那么就流露出这样的态度：“哼，我看你就不懂！”这样，对方往往会回敬你一句：“难道你懂吗？”于是相互间就无法沟通，推销也就无法顺利进行下去。

7. 倾听的时候，不要忘了问

绝大多数的人都喜欢“说”而不喜欢“听”，他们往往认为只有“说”才能够说服客户购买，但是事实是：客户的需求期望都只能由“听”来获得。试问：如果推销员不了解客户的期望，他又怎么能够达成推销员所签订单的期望？

对于推销员来说，倾听是必需的，但是倾听并不是无原则的。倾听的同时还必须辅之以一定的询问，这种询问的目的就是为了使交易迅速达成。询问时必须使听者有这样一种强烈的印象，该推销员是信心百倍而且认真诚恳的。通过询问，推销员可以引导客户的谈话，同时取得更确切的信息，支持其产品的推销。

推销人员可以提一些只能用“是”或“不是”回答的问题，这样的回答是明确的、不容置疑的。

“您会说英语吗？”

“你参观花展了吗？”

“贵公司是否有展会？”

这种提问一般都充当对话过程中一系列问题的一部分，虽并不能引发对方详尽的回答，但却对分辨和排除那些次要的内容很有帮助。这样就可进一步询问了。

卖方：“你们是否出口美国？”

买方：“没有。”

卖方：“贵公司对出口美国会否感兴趣？”

买方：“是。”

卖方：“我们可以……”

有时候，我们也可以使用一些别有用心的肯定式提问。这种提问能对回答起引导作用，比如，提问的人一开始就先把对方恭维、吹捧一番，然后在此基础上再提问，对方如果不小心，意志不坚定，就很难摆脱这种事先设计的圈套。

“董事长先生，您有多年从事这种工作的经验，一定同意这是最妥善的安排，是吧？”

“李先生，您是这些人当中最上镜的，一定愿意出镜，对吗？”

可以说，下功夫掌握和运用这些提问技巧，会令你受益无穷。运用以下这些技巧可以使交谈按照你所设计的方案顺利进行：

1. 注意提问方式，一步步引导，让客户逐步被吸引。

以下我们用一家针织品公司推销员与客户的对话来说明这一点。

推销员：“王先生，您好，我是天诗针织品有限公司的孙明，您要购买针织服装吗？”

买方：“要。”

推销员：“您要买男士针织服装吗？”

买方：“要。”

推销员：“您要针织外衣和运动装吗？”

买方：“要。但现在我们还有些存货……”

如果你用下面这个问题，就少了很多小步骤。

推销员：“王先生，您好，我是天诗针织品有限公司的孙明，您需要购买哪类针织服装呢？”

2. 除了要注意提问的方式，还要注意提问时的语气等。

首先，要注意音高与语调。低沉的声音庄重严肃，一般会让客户认真地对待。尖利的或粗暴刺耳的声音给人的印象是反应过火、行为失控。推销员的声音是不宜尖利或粗暴的。

其次，要注意语速。急缓适度的语速能吸引住客户的注意力，使人易于吸收信息。如果语速过慢，声音听起来就会阴郁悲哀，客户就会转而做其他的事情；如果语速过快，客户就会无暇吸收说话的内容，同样影响接收效果。推销员在和客户的沟通过程中，最忌讳的是说话吞吞吐吐、犹豫不决，听者往往会不由自主地变得十分担忧和坐立不安。

最后，还要善于运用强调。推销员在交谈过程中应该适当地改变重音，以便能够强调某些重要词语。如果一段介绍没有平仄，没有重音，客户往往就无法把握推销员说话的内容，同时强调也不宜过多，太多的强调会让人变得晕头转向、不知所云。

3. 在一个问题中提示两个可供选择的答案，两个答案都是肯定的。

人们有一种共同的心理——认为说“不”比说“是”更容易和更安全。所以，内行的推销人员向客户提问时，尽量设法不让客户说出“不”字来。

比如，与客户约定见面时间时，有经验的推销人员从来不会问客户:“我可以在今天下午来见您吗？”因为这种只能在“是”和“不”中选择答案的问题，客户多半只会说:“不行。我今天下午的日程实在太紧了，等我有空的时候再打电话约定时间吧。”

有经验的推销人员会对客户说:“您看我是今天下午 2 点钟来见您还是 3 点钟来？”“3 点钟来比较好。”当他说这句话时，你们的约定已经达成了。

4. 单刀直入地提问，开门见山地说出自己想法。

这种方法要求推销人员直接针对客户的主要购买动机，开门见山地向其推销，请看下面的场面：

门铃响了，当主人把门打开时，一个衣冠楚楚的人站在大门的台阶上，这个人问道:“家里有高级的食品搅拌器吗？”男人怔住了。这突然的一问使主人不知怎样回答才好。他转过脸来看他的夫人，夫人有点儿窘迫但又好奇地答道：“我们家有一个食品搅拌器，不过不是特别高级的。”

推销人员回答说：“我这里有一个高级的。”说着，他从提包里掏出一个高级食品搅拌器。很自然地，这对夫妇接受了他的推销。

假如这个推销人员改一下说话方式，一开口就说：“我是 ×× 公司推销人员，我来是想问一下你们是否愿意购买一个新型食品搅拌器。”你想一想，这种说话的推销效果会如何呢？

5. 提出一系列问题，让客户给出几个肯定答案。

这个方法是指推销人员所提问题便于客户用赞同的口吻来回答，也就是说，推销人员让客户对其推销说明中所提出的一系列问题，连续地回答“是”，然后，等到要求签订单时，已造成有利的情况，好让客户再作一次肯定答复。

比如，推销人员要寻求客源，事先未打招呼就打电话给新客户，可以说：“很乐意和您谈一次，提高贵公司的营业额对您一定很重要，是不是？”在这种提问下，很少有人会说“无所谓”。“好，我想向您介绍我们的 ×× 产品。这将有助于达到您的目标，日子会过得更潇洒。您很想达到自己的目标，对不对？”……就这样让客户一“是”到底。

运用连续肯定法，要求推销人员要有准确的判断能力和敏捷的思维能力。每个问题的提出都要经过仔细思考，特别要注意双方对话的结构，使客户沿着推销人员的意图做出肯定的回答。

6. 诱发客户的好奇心，引起客户的注意。

诱发好奇心的方法是在见面之初直接向潜在的买主说明情况或提出问题，故意讲一些能够激发他们好奇心的话，将他们的思想引到你可能为他提供的好处上。

比如，一个推销人员给一个多次拒绝见他的客户递上一张纸条，上面写道："请您给我10分钟好吗？我想为一个生意上的问题征求您的意见。"纸条诱发了采购经理的好奇心——他要向我请教什么问题呢？同时也满足了他的虚荣心：他向我请教！这样，结果很明显，推销人员应邀进入办公室。

7. 巧妙地反问，把握主动权。

对方的观点或某一句话里往往隐含着自相矛盾，而己方又难以用陈述的语气挑明，此时，己方便可借助于提出一个问题，使对方的自相矛盾处明显暴露，置对方于被动地位。

有位女作家擅长写言情小说，深受中学生及小资女性的喜爱。一些不喜欢这位作家的人抨击她说："她不是一个老处女吗？怎么能把男女之间的恩怨写得那么逼真呢？难道她的生活就是如此放荡不羁吗？"

听到这种流言蜚语后，这位女作家马上在报上登载了一则启事：

"果真如此吗？我想请问，是不是一定要尝过牢狱之灾的作家，才能够写出有关囚犯的小说？是不是只有行迹到达水星的作家，才写得出关于外星人的作品？一个在内陆长大的人，为什么敢断定餐桌上的海鲜营养丰富呢？假如有位专攻癌症的专家身体一向健康，那他的研究成果是否就不值得信赖呢？"

8. 高明的推销员，善于抓住客户的心理

有一天，一位中年妇女从对面的福特汽车销售商行走进了

乔·吉拉德的汽车展销室。

她说自己很想买一辆白色的福特车，就像她表姐开的那辆，但是福特车行的经销商让她过一个小时之后再去，所以先到这儿来瞧一瞧。

“夫人，欢迎您来看我的车。”吉拉德微笑着说。

妇女兴奋地告诉他：“今天是我55岁的生日，想买一辆白色的福特车送给自己作为生日的礼物。”

“夫人，祝您生日快乐！”吉拉德热情地祝贺道。随后，他轻声地向身边的助手交代了几句。

吉拉德领着夫人从一辆辆新车面前慢慢走过，边看边介绍。在来到一辆雪佛莱车前时，他说：“夫人，您对白色情有独钟，瞧这辆双门式轿车，也是白色的。”

就在这时，助手走了进来，把一束玫瑰花交给了吉拉德。他把这束漂亮的花送给夫人，再次对她的生日表示祝贺。

那位夫人感动得热泪盈眶，非常激动地说：“先生，太感谢您了，已经很久没有人给我送过礼物。刚才那位福特车的推销商看到我开着一辆旧车，一定以为我买不起新车，所以在我提出要看一看车时，他就推辞说需要出去收一笔钱，我只好上您这儿来等他。现在想一想也不一定非要买福特车不可。”

后来，这位妇女就在吉拉德那儿买了一辆白色的雪佛莱轿车。

在与推销员打交道的过程中，客户的心理活动要经历三个阶段：初见推销员，充满陌生、戒备和不安，生怕上当；在推销员的说服下，可能对商品有所了解，但仍半信半疑；在最后决定购买时，又对即将交出的钞票藕断丝连。一旦推销员能够掌握客户的心理，那么自己的话就会变得更有说服力，更能拨动客户的心弦。

利用客户心理进行推销是一项高超的技术。但是，这绝不意味着利用小聪明耍弄客户。如果缺乏为客户服务的诚意，很容易被客户识破，到头来“机关算尽太聪明，反误了卿卿性命”。推销员的信用等级就可能降为零。

当然，不同的人有不同的心理，针对不同的心理要采用相应的不同的方法。

有一个中国商人在叙利亚的阿勒颇办完事，到一家钟表店想为朋友买几块手表，恰逢店主不在，店员赔笑道歉：“本人受雇只管修理推销，店主片刻即回，请稍等。”说完走进柜台，在录音机里放入一卷录音带，店里立即响起一支优雅的中国乐曲。中国商人本想告辞，忽然听到这异国他乡的店铺传出的乡音，不觉驻足细听。半小时后，主人归来，生意自然做成了。

这是店员很好地抓住了客户的思乡之情才促使顺利成交。

还有一个利用客户的惧怕心理进行有效推销的例子。这位高明的推销员是这样说的：“太太，现在鸡蛋都是经过自动选蛋机选出的，大小一样，非常漂亮，可常常会出现坏蛋。附近有一个小孩，他妈妈不在家，想吃鸡蛋，就自己煮了吃，没想到吃了坏蛋因此中毒，差一点儿丢了小命……你瞧，这些都是今天刚下的新鲜鸡蛋……”

惧怕之余这位太太买下了这些鸡蛋，等推销员走后，她才想到：我怎么知道这些鸡蛋是新鲜的呢？

客户心理虽然有机可循，但是推销员也要认真观察、仔细把握，才能找出推销的捷径。

同时，在运用心理战术的时候，推销员要避免走出一个误区，那就是不仔细识别客户的心理特点，对牛弹琴，乱点鸳鸯谱。

当客户一进入你的视线，你就应当迅速判定：他在想什么？你可以从他的年龄、衣着、行为举止、职业等方面来揣摩他的心理。

比如，老年客户往往处于心理上的孤独期，而中年客户相对比较理智，年轻人则易冲动，充满热情。从职业方面看，企业家多比较自负；经济管理人士头脑精明，喜欢摆出一副自信而且内行的样子；知识分子大多个性强，千万不要伤害他的自尊心或虚荣心……

这些经验，都要靠推销员的细心观察才能得来。

●●●●●

9. 重视客户的抱怨，让客户说出心里话

“如果每一件客户抱怨的事件都一一去面对、处理，那就无法工作了，可我们还必须去做。”

“客户都是那种会随便说话的人，可即使是这样，我们仍要好好面对。”

以上的话都在告诉我们：千万不可轻视客户的抱怨。世界上有那种不发一顿牢骚绝不善罢甘休的人，正是这些人，才使我们的企业更充满活力，更适应社会。

有一些视财如命的客户会生气地问：“这东西真的没问题吗？”还有一些恶劣的客户会把抱怨当作可赚钱的方法。

相反，有一些比较忠厚的客户即使发现权益受损，也一定要下了重大的决心才会去申诉。当然，也有一些客户的抱怨是出自善意，真正为商家着想。如此一来，抱怨也会因为动机及目的的不同而有所差别。

需要说明的是，对抱怨的客户而言，他们都希望自己的申诉

及想法能受到重视，哪怕只是小小的一个抱怨，或者是非善意的抱怨。所以，推销人员在处理抱怨的时候千万不要感情用事，如在电话中大声辩解“没有这回事”，那就是太过感情用事了，应该说“不会有这样的事情”才对。

即使在客户越来越激动，以至于大唱反调时，我们还是应该用冷静、和缓的态度来处理，因为有些人就是喜欢添油加醋，乘机攻击别人的弱点。

面对客户大声的斥责、抱怨，如以过激的言辞，而作为推销员，只能一味地忍耐道歉，这总会使我们感到很悲惨，更何况有些问题起因于客户自身。

因此，在处理客户的抱怨时，我们必须以一种“是自己人生过程中的一种磨炼”的心态去应付这些事，否则根本就是难以应付的。

国庆节期间，一位客户申请安装一部固定电话，一切都按客户的要求进行安装。可不知哪个环节使这位客户不满意。在重新安装时，他又有抱怨，而且说了好几句难听的话。在场的装机维护中心的主任一言不发，静静地看着那位客户，不气不恼，样子很像认真聆听的小学生。

足足半小时，客户累了，终于歇了口，看着不动声色的主任，开始为自己的举动而内疚。他对主任说：“真不好意思，我的脾气不好。被我这样吵闹，你还不在意。”主任说：“没事，没关系，这些都是你的真实想法，我们会虚心接受的。”

事情过去后，出人意料的是，这位客户又陪朋友到电信局申请安装一部电话。现在主任和他还成了好朋友。

毫无疑问，人生并非只有快乐的一面，也有不少令人气愤或悲伤的事情。在忍受这些事的同时，也促进了人的成长，并且能培养出体谅他人的心情。如果人生事事皆顺心如意，那么人便不可能有所长进，也必定会失去人生的意义。

因此，我们要把处理抱怨之事想成是人生的一种磨炼，不断地去忍受、咀嚼这些痛苦，培养自己的忍耐性及各种优良的品质。但我们也知道忍受痛苦并不是件容易的事，所以有不愉快的事发生以后，我们不妨对亲近的同事说出自己的苦恼，以减轻自己的心理压力。同时也期望领导能充分考虑下属的处境，多奖励那些位于第一线上处理抱怨的部下，让他们振作起精神。

更为重要的是，通过聆听客户的抱怨，我们可以得到有效的信息，并可据此进行创新，促进企业更好地发展，为客户创造更多的经营价值。当然，还要求推销人员能正确识别客户的要求，正确地传达给产品设计者，以最快的速度生产出最符合客户要求的产品，满足客户的需求。

在一次进货时，某家具厂的一个客户向其经理抱怨：由于沙发的体积相对较大，而仓库的门小，搬出搬进的很不方便，还往往会在沙发上留下划痕，客户有意见，不好销。要是沙发可以拆卸，也就不存在这种问题了。两个月后，可以拆卸的沙发运到了客户的仓库里，不仅节省了库存空间，而且给客户带来了方便。而这个创意正是从客户的抱怨中得到的。

第五章

Chapter 5

引爆客户的购买欲望——永久销售的秘密

1. 选择好推销的时机和地点

一个推销搜鱼器的推销经理威廉在一个加油站停下车，他想给车加点儿油，然后争取在天黑之前赶到纽约。

就在加完油等待交费的时候，威廉看见自己刚加过油的地方停着 4 辆拖着捕鱼船的车。他马上返回到自己的车上，取出几份“搜鱼器”的广告宣传单，走到每一艘船的船主面前，递给他们每人一份:“我今天不是要向各位推销东西，我认为各位可能会觉得这份传单很有意思。你们上路后，有空时不妨看一看，我想你们或许会喜欢这种‘底线搜鱼器’。”

交完费后，威廉一边开车离开，一边向这些人挥手道别:“别忘了，有空一定看一看啊！”

两个小时后，在一个休息站，威廉停下车买了一瓶可乐，就在这时，他看到那 4 个船主向他疾步走过来，他们说他们一直在追赶威廉，但拖着渔船，车速无论如何赶不上威廉，他们告诉威廉他们想要多了解一些搜鱼器的事情。

威廉立刻拿出展示品，向他们做完简单介绍后，说还可以具体示范给他们看，于是威廉与他们一同走进休息室，他想找个插座，为搜鱼器接上电源，但休息室里没有，最后，威廉在男厕所里找到了插座。

威廉一边操作一边解释:“比如在 72 米深的地方有一条鱼，在船的右舷边 35 米处也有一条鱼……”

威廉讲得认真而投入，男厕所的其他人感到很好奇，不知道发生了什么事情，也纷纷围上来。15 分钟后，威廉结束了自己的示范，这 4 个人此时已由听众变成了客户，恨不得把这件演示样品马上买回去。威廉告诉他们只要去任何一家大型零售店都能买得到，随即又提供给他们一份当地的经销商名单。

推销时一定要抓住推销时机，上面故事中的推销员就是抓住了这一时机，向船主们散发广告宣传单，并且在恰当的时机进行示范。由于他抓住时机进行推销，从而赢得了 4 名客户。

同时，想要推销成功，除了要掌握好推销时机外，推销地点也要选择好。

美国有一位人寿保险推销巨星，名叫约翰·沙唯祺。他从来不做不管三七二十一就敲陌生人的门的事，而是全力开发客户和朋友转介的客户，并极力主张邀请客户到自己办公室来谈推销。

他说："他们不可能要客户到自己的办公室去，可是牙医就可以。那些经纪人就是喜欢跑出去受点儿伤害，才觉得自己是在做行销的那种人。我们找客户来办公室，并不是要伤害他们，所以拜托大家，做事要专业一点儿，想想你的客户，希望从你身上得到的是什么？他们要的，只是你的'服务'和'诚实'。"

许多推销员认为不能叫客户上门，这是因为推销员对自己的专业能力、形象、身份信心不足，尤其是低估了自己对客户的影响力。其实，如果推销员不开口说话，怎么知道客户愿不愿意？

让我们看一看，在自己地盘上推销有哪些好处吧：

可以充分利用各种有利条件，尽情地布置自己的办公室，使环境有利于推销；如果对方未接受我方提议就想离开时，可以很方便地予以阻止；以逸待劳，心理上占有优势；节省时间和路费；如发生意外事件，可以直接找上司解决；可以充分准备各种资料和展示工具，迅速回答对方提出的问题，并充分展示己方的优点。

《哈佛学不到的管理策略》的作者、国际管理集团的创始人麦考梅克说得好：

在你的地盘上谈判，会给对方一种“入侵”的感觉，对方的潜意识中极有可能存在或多或少的紧张情绪。如果你彬彬有礼，让对方舒服放松的话，那他的紧张情绪就会大大减缓，而你也就赢得了他的信任——即使真正的谈判还未开始！

万一客户非要在自己的地盘上商谈，那么请做好准备，时刻准备反客为主。

“星期二下午两点半，请到我的办公室来！”别瞻前顾后，先大胆地说出这样的话。毕竟，即使客户拒绝，自己也不会有什么大的损失，不是吗？

2. 敏锐观察，找到客户购买的诱因

曾经有一位房地产推销员，带一对夫妻进入一座房子的院子时，太太发现这房子的后院有一棵非常漂亮的木棉树。而推销员注意到这位太太很兴奋地告诉她的丈夫：“你看，院子里的这棵木棉树真漂亮。”

当这对夫妻进入房子的客厅时，他们显然对这间客厅陈旧的地板有些不太满意，这时，推销员就对他们说：“是啊，这间客厅的地板是有些陈旧，但你知道吗？这幢房子的最大优点就是当你从这间客厅向窗外望去时，可以看到那棵非常漂亮的木棉树。”

当这对夫妻走到厨房时，太太抱怨这间厨房的设备陈旧，而这

个推销员接着又说:“是啊，但是当你在做晚餐的时候，从厨房向窗外望去就可以看到那棵木棉树。”

当这对夫妻走到其他房间，不论他们如何指出这幢房子的任何缺点，这个推销员都一直重复地说:“是啊，这幢房子是有许多缺点。但您二位知道吗？这房子有一个特点是其他房子所没有的，那就是您从任何一间房间的窗户向外望去，都可以看到那棵非常美丽的木棉树。”

这个推销员在整个推销过程中，一直不断地强调院子里那棵美丽的木棉树，他把这对夫妻所有的注意力都集中在那棵木棉树上了，当然，这对夫妻最后花了 50 万元买了那棵“木棉树”。

可以说，在推销过程中，我们所推销的每种产品以及所遇到的每一个客户，心中都有一棵“木棉树”。而我们最重要的工作就是在最短的时间内找出那棵“木棉树”，然后将我们所有的注意力放在推销那棵“木棉树”上，那么客户就自然而然地会减少许多抗拒。

所以，在你接触一个新客户时，应该尽快地找出那些不同的购买诱因当中这位客户最关心的那一点。最简单有效地找出客户主要购买诱因的方法是敏锐的观察以及提出有效的问题。

另外一种方法也能有效地帮助我们找出客户的主要购买诱因。这个方法就是询问曾经购买过我们产品的老客户，很诚恳地请问他们:“先生（小姐），请问当初是什么原因使您愿意购买我们的产品？”当你将所有老客户的主要的一两项购买诱因找出来后，再加以分析，就能够很容易地发现他们当初购买产品的那些最重要的利益点是哪些了。

比如，如果你是一个推销电脑财务软件的推销员，必须非常清楚地了解客户为什么会购买财务软件，当客户购买一套财务软件时，他可能最在乎的并不是这套财务软件能做出多么漂亮的图表，而最主要的目的可能是希望能够用最有效率和最简单的方式，得到最精确的财务报告，进而节省更多的开支。

所以，当推销员向客户介绍软件时，如果只把注意力放在解说这套财务软件如何使用，介绍这套财务软件能够做出多么漂亮的图表，可能对客户的影响并不大。如果你告诉客户，只要花 1000 元钱买这套财务软件，可以让他的公司每个月节省 2000 元钱的开支，或者增加 2000 元的利润，他就会对这套财务软件产生兴趣。

3. 让客户听得懂，你的话才更有效

一个秀才想买柴，高声叫道："荷薪者过来！"卖柴的人迷迷糊糊地走过来。秀才问："其价几何？"卖柴的听不懂"几何"什么意思，但听到有"价"字，估计是询问价钱，就说出了价格。秀才看了看柴，说："外实而内虚，烟多而焰少，请损之。"卖柴的听不懂这话，赶紧挑起柴走了。

秀才的迂腐让我们感到很可笑，但我们的推销工作中也存在这样的情况，有些推销员在与客户沟通的过程中总会使用一些晦涩难懂的词语，推销员理解起来可能没有什么问题，但是对行业情况不熟悉的客户，就有些摸不着头脑了。

莱恩受命为办公大楼采购大批的办公用品，结果，他在实际工作中碰到了一种过去从未想到的情况。

首先使他大开眼界的是一个推销信件分投箱的推销员。莱恩向这位推销员介绍了公司每天可能收到信件的大概数量，并对信箱提

出了一些具体的要求。这个小伙子听后脸上露出轻松的神情，考虑片刻，便认定客户最需要他们的 CSI。

“什么是 CSI？”莱恩问。

“怎么？”他以凝滞的语调回答，话语中还带着几分悲叹，“这就是你们所需要的信箱啊。”

“这是纸板做的，金属做的，还是木头做的？”莱恩试探地问道。

“如果你们想用金属的，那就需要我们的 FDX 了，也可以为每个 FDX 配上两个 NCO。”

“我们有些打印件的信封会长点儿。”莱恩说明。

“那样的话，你们便需要用配有两个 NCO 的 FDX 转发普通信件，而用配有 RIP 的 PLI 转发打印件。”

这时，莱恩按捺了一下心中的怒火，说道：“小伙子，你的话让我听起来十分荒唐。我要买的是办公用具，不是字母。如果你说的是希腊语、亚美尼亚语或汉语，我们的翻译也许还能听出点儿门道，弄清楚你们产品的材料、规格、使用方法、容量、颜色和价格。”

“噢，”他答道，“我说的都是我们产品的序号。”

莱恩运用律师盘问当事人的技巧，费了九牛二虎之力才慢慢从推销员嘴里搞明白他的各种信箱的规格、容量、材料、颜色和价格，从推销员嘴里掏出这些情况就像用钳子拔他的牙一样艰难。推销员似乎觉得这些都是他公司的内部情报，他已严重泄密。

如果这位先生是绝无仅有的话，莱恩还不觉得怎样，不幸的是，这位年轻的推销员只是个打头炮的，其他的推销员成群结队而来：全都是些漂亮、整洁、容光焕发和诚心诚意的小伙子，每个人介绍的全是产品代号，莱恩当然一窍不通。当莱恩需要板刷时，一个小伙子竟要卖给他 FHB，后来才知道这是“化纤与猪鬃”的混合制品。等物品拿来之后莱恩才发现，FHB 原来是一只拖把。

几乎毫无例外，这些年轻的推销员滔滔不绝地讲述那些莱恩全然不懂的商业代号和产品序号，而且还带有一种深不可测的神秘表情。开始时莱恩还觉得挺有意思，但很快就变得无法忍受。

所以，不妨想想，如果客户对你的介绍听不懂，对产品的性能不能完全领会的话，他们怎么会对你的产品感兴趣呢？

要知道，通俗易懂的语言是推销员必须采用的，否则，你的推销永远不会成功。

4. 制造紧张气氛，让客户觉得“过了这村没这店”

玛丽·柯蒂奇是美国“21 世纪米尔第一公司”的房地产经纪人，1993 年，玛丽的销售额是 2000 万美元，在全美国排名第四。下面是玛丽的一个经典案例，她在 30 分钟之内卖出了价值 55 万美元的房子。

玛丽的公司在佛罗里达州海滨，这里位于美国的最南部，每年冬天，都有许多北方人来这里度假。

1993 年 12 月 13 日，玛丽正在一处新转到她名下的房屋里参观。当时，他们公司有几个业务员与她在一起，参观完这间房屋之后，他们还将去参观别的房子。

就在他们在房屋里进进出出的时候，看见一对夫妇也在参观房子。这时，房主对玛丽说：“玛丽，你看看他们，去和他们聊聊。”

“他们是谁？”

“我也不知道。起初我还以为他们是你们公司的人呢，因为你们进来的时候，他们也跟着进来了。后来我才看出，他们并不是。”

“好。”玛丽走到那一对夫妇面前，露出微笑，伸出手说，“嗨，我是玛丽·柯蒂奇。”

“我是彼特，这是我太太陶丝。”那名男子回答，“我们在海边散步，看见有房子参观，就进来看看，我们不知道是否冒昧了？”

“非常欢迎。”玛丽说，“我是这房子的经纪人。”

“我们的车子就放在门口。我们从西弗吉尼亚来度假。过一会儿我们就要回家去了。”

“没关系，你们一样可以参观这房子。”玛丽说着，顺手把一份资料递给了彼特。

陶丝望着大海，对玛丽说：“这儿真美！这儿真好！”

彼特说：“可是我们必须回去了，要回到冰天雪地里去，真是一件令人难受的事情。”

他们在一起交谈了几分钟，彼特掏出自己的名片递给了玛丽，说：“这是我的名片。我会给你打电话的。”

玛丽正要掏出自己的名片给彼特时，忽然停下了手：“听着，我有一个好主意，我们为什么不到我的办公室谈谈呢？非常近，只要几分钟就能到。你们出门往右，过第一个红绿灯，左转……”

玛丽不等他们回答好还是不好，就抄近路走到自己的车前，并对那一对夫妇喊：“办公室见！”

车上坐了玛丽的两名同事，他们正等着玛丽呢。玛丽给他们讲了刚才的事情。没有人相信他们将在办公室看见那对夫妇。

等他们的车子停稳，他们发现停车场上有一辆卡迪拉克轿车，车上装满了行李，车牌明明白白显示出：这辆车来自西弗吉尼亚！

在办公室，彼特开始提出一系列的问题。

“这间房子上市有多久了？”

“在别的经纪人名下 6 个月，但今天刚刚转到我的名下。房主现在降价求售。我想应该很快就会成交。”玛丽回答，她看了看陶丝，然后盯着彼特说：“很快就会成交。”

这时候，陶丝说：“我们喜欢海边的房子。这样，我们就可以经常到海边散步了。

“所以，你们早就想要一个海边的家了！”

“嗯，彼特是股票经纪人，他的工作非常辛苦。我希望他能够多休息休息，这就是我们每年都来佛罗里达的原因。”

“如果你们在这里有一间自己的房子，就更会经常来这里，并且还会更舒服一些。我认为，这样一来，不但对你们的身体有利，你们的生活质量也将会大大提高。”

“我完全同意。”

说完了这话，彼特就沉默了，他陷入了思考。玛丽也不说话，她等着彼特开口。

“房主是否坚持他的要价？”

“这房子会很快就卖掉的。”

“你为什么这么肯定？”

“因为这所房子能够眺望海景，并且，它刚刚降价。”

“可是，市场上的房子很多。”

“是很多。我相信你也看了很多。我想你也注意到了，这所房子是很少拥有车库的房子之一。你只要把车开进车库，就等于回到了家。你只要登上楼梯，就可以喝上热腾腾的咖啡。并且，这所房子离几个很好的餐馆很近，走路几分钟就到。”

彼特考虑了一会儿，拿了一支铅笔在纸上写了一个数字，递给玛丽：“这是我愿意支付的价钱，一分钱都不能再多了。不用担心付款的问题，我可以付现金。如果房主愿意接受，我感到很高兴。”

玛丽一看，只比房主的要价少一万美元。

玛丽说：“我需要你拿一万美元作为定金。”

“没问题。我马上给你写一张支票。”

“请你在这里签名。”玛丽把合同递给彼特。

整个交易的完成，从玛丽见到这对夫妇，到签好合约，时间还不到30分钟。

这完全得意于玛丽在谈话中制造了一种紧张的气氛。事实上，适时地制造紧张气氛，让客户觉得他的选择绝对是十分正确的，如果现在不买，以后也就没有机会了。你只要能调动客户，让他产生这样的心情，不怕他不与你签约。

●●●●●

5. 反其道而行之，吊吊客户的胃口

在推销生涯早期，推销大师威尔克斯先生平时衣衫不整，就连领带也是皱皱巴巴的。他当时的工资很少，佣金不多，除了供给家人衣食外，所剩无几。但他却告诉了后来成为推销大师的库尔曼一个神奇的推销技巧。

威尔克斯当时面临的最大困难就是推销失败。与客户第一次接触后，他常常得到这样的答复：“你所说的我会考虑，请你下周再来。”到了下周，他准时去见客户，得到的回答是：“我已仔细地考

虑过你的建议，我想还是明年再谈吧。”

他感到十分沮丧。第一次见面时他已把话说尽，第二次会谈时实在想不出还要说些什么。有一天，他突发奇想，想到一个办法。第二次会谈竟然旗开得胜。

他把这个神奇的办法告诉库尔曼，库尔曼将信将疑，但还是决定试一试。次日早晨，库尔曼给一位建筑商打电话，约了第二次会谈的时间。此前一周，库尔曼与他会谈过，结果是两周以后再说。

库尔曼按照威尔克斯先生所讲的严格去做。会谈之前，他把本该由客户填的表格填好，包括姓名、住址、职业等。他还填好了客户认可的保险金额，然后在客户签名栏做上重重的标记。

库尔曼按时来到建筑商的办公室。秘书不在，门开着，可以看到建筑商坐在桌前。他认出库尔曼，说:“再见吧，我不想考虑你的建议。”

库尔曼装作没听见，大步走了过去。建筑商坚定地说:“我现在不会买你的保险，你先放放这事儿，过半年再来吧。”

在他说话的时候，库尔曼一边走近他，一边拿出早已准备好的表格，把表格不由分说地放在他面前。按照威尔克斯先生的指导，库尔曼说:“这样可以吧，先生？”

他不由自主地瞥了一眼表格。库尔曼趁机拿出钢笔，平静地等着。

“这是一份申请表吗？”他抬头问道。

“不是。”

“明明是，为什么说不是？”

“在您签名之前算不上一份申请表。”说着库尔曼把钢笔递给他，用手指着做出标记的地方。

真如威尔克斯先生所说，他下意识地接过笔，更加认真地看着表格，后来慢慢地起身，一边看一边踱到窗前，一连 5 分钟，室内悄无声息。最后，他回到桌前，一边拿笔签名，一边说：“我最好还是签个名吧，如果以后真有麻烦呢。”

“您愿意交半年呢还是交一年？”库尔曼抑制着内心的激动。

“一年多少钱？”

“只有 500 美元。”

“那就交一年吧。”

当他把支票和钢笔同时递过来时，库尔曼激动得差点儿跳起来。

库尔曼运用的就是吊足客户胃口的方法，不说什么，直接给客户一张表格，并且故意毫不介意地说“在您签名之前算不上一份申请表”。而这吊起了客户的好奇心，仔细地阅读申请表，从而做出了签单的决定。

而吊足客户胃口还有一种表现形式，那就是欲擒故纵。简单来说，就是在和客户谈生意的时候不要太心急，如果太心急，只会引起客户的不信任，把握好结束推销的方法也是促成成交的一种手法。

有一天，一个推销员在一个城市兜售一种炊具。他敲了公园巡逻员凯特先生家的门，凯特的妻子开门请推销员进去。凯特太太说：“我的先生和隔壁的华安先生正在后院，不过，我和华安太太愿意看看你的炊具。”

推销员说：“请你们的丈夫也到屋子里来吧！我保证，他们也会喜欢我对产品的介绍。”于是，两位太太“硬逼”着他们的丈夫也进来了。

推销员做了一次极其认真的烹调表演。他用他所要推销的那一套炊具，用文火不加水煮苹果，然后又用凯特太太家的炊具煮。这给两对夫妇留下深刻的印象。但是男人们显然装出一副毫无兴趣的样子。

一般的推销员，看到两位主妇有买的意思，一定会趁热打铁，鼓动她们买。如果那样，还真不一定能推销出去，因为越是容易得到的东西，人们往往觉得它没有什么珍贵的，而得不到的才是好东西。

聪明的推销员深知人们的心理，他决定用“欲擒故纵”的推销术。他洗净炊具，包装起来，放回到样品盒里，然后对两对夫妇说:“嗯，多谢你们让我做了这次表演。我很希望能够在今天向你们提供炊具，但今天我只带了样品，你们将来再买它吧。”说着，推销员起身准备离去。这时两位丈夫立刻对那套炊具表现出了极大的兴趣，他们都站了起来，想要知道什么时候能买得到。

凯特先生说:“请问，现在能向你购买吗？我现在确实有点儿喜欢那套炊具了。”

华安先生也说道:“是啊，你现在能提供货品吗？”

推销员真诚地说:“两位先生，实在抱歉，我今天确实只带了样品，而且什么时候发货，我也无法知道确切的日期。不过请你们放心，等能发货时，我一定把你们的要求放在心里。凯特先生坚持说:“唷，也许你会把我们忘了，谁知道啊？”

这时，推销员感到时机已到，就自然而然地提到了订货事宜。

于是，推销员说:“噢，也许……为保险起见，你们最好还是付定金买一套吧。一旦公司能发货就给你们送来。这可能要等待一个月，甚至可能要两个月。”

适时吊吊客户的胃口，人们往往钟爱得不到的东西，聪明的推销员都会使用这一方法，但是在你没有把握的时候千万不要使用，否则就会弄巧成拙。

6. 不同的客户，你需要采取不同的方法

福特是英国顶尖寿险推销人员，美国百万圆桌会议会员。他曾被美国百万圆桌协会推崇为“全球四位最佳寿险业务员之一”。

福特在自我职业定位上有一个有趣的故事：

他假设自己在逛商场，在一楼，一个小公司的负责人问福特：“您从事什么行业？”福特说：“我帮企业主从债权人的手上保护他们的资产，并告诉他们如何增加财富。”

在二楼，有一位要退休的有钱女士问：“您从事什么行业？”福特回答说：“我是一个守护财富的专家。我擅长避税和房地产规划。”

在三楼，有一位带着小孩的女士问：“您从事什么行业？”福特说：“我帮助家庭减少债务，帮他们规划未来。比如小孩的教育费用和他们的未来规划。”

福特总会针对不同的人做出不同的职业定位，以吸引客户的注意力和信赖感。同时，作为推销员，面对不同的客户，也要采取不同的推销方式。

很多优秀推销员的推销秘诀就是：面对不同的客户，找到适当的方法去推销你的产品，尽管有的时候客户很挑剔，你只要用心去做，对症下药，推销也一定会成功的。

面对爱挑剔的客户，很多聪明的推销员也自有推销之道。一天，商场瓷器柜台前来了一位男人，他在柜台前老是挑来挑去。上

等的瓷器他不要，偏偏要那种朴实便宜的青瓷盘，并且还要一件件地开包挑选。这位先生看一件说有瑕疵扔在一边，拿过一件说花纹不精美又扔在一边。

而推销员不急不恼、泰然处之。他扔下一件，推销员就随手拾起“啪”的一下将它摔碎。他再扔下一件，推销员又摔一件，就这样连摔了 3 件。那位先生开口了：“摔它干啥？我不要，你可以再卖给别人嘛！”

推销员坚决地回答：“不！这是我们公司的规定，绝不把客户不满意的产品卖给任何一个消费者！”

那位先生愣了一下，像是有意要试试这份承诺的可信度到底有多大，于是就旁若无人地低下头继续挑选。推销员毫不心疼，仍旧是他扔一件摔一件，就这样连续摔了 31 个青瓷盘。不过这一过程中，推销员脸上始终带着微笑。这时，已有许多人纷纷赶来围观了。

“不要再摔了！不要再摔了！”

“那算什么毛病？他不要卖给我！”

人们开始对这件事情发起评论来了。冷寂许久的柜台前第一次拥来这么多人，客户围得里三层外三层，像看一出惊心动魄的大戏一样。当这位先生抓起第 32 件瓷盘时，沸腾的人群发出一声声愤怒的吼叫。

这次，那位先生抓起瓷盘后，看都没看，便拿上走了。

“我买！我买！”

“给我一件！给我一件！”

人们开始来到柜台前抢购瓷器，就在这一天，这个瓷器柜台前空前火爆。当场卖了近 300 件，第二天卖了 500 件，是以前几十倍，甚至上百倍的销量。那天晚上，老板重重表扬了那位推销员。

让人想不到的是，一个月后，那位先生又来了。不过，他不是来退货或是再来挑毛病的，而是洽谈购买瓷器生意的。后来，那个摔瓷器的推销员和这位先生也就成了朋友。在随后的几年里，他和他的朋友先后从这儿买去了几万件瓷器，为公司增加了上百万的销售额。

而面对比较好说话的客户，推销员则可以给客户选择。有两家卖粥的小店。左边小店和右边小店每天的客户相差不多，都是川流不息、人进人出的。

然而晚上结算的时候，左边小店总是比右边小店多出百十元来，天天如此。

于是一天，一个人走进了右边那个粥店。

服务小姐微笑着把他迎进去，给他盛好一碗粥，问："加不加鸡蛋？"这个人说加。于是他给我加了一个鸡蛋。

每进来一个客户，服务员都要问一句："加不加鸡蛋？"有说加的，也有说不加的，大概各占一半。

过了一天，这个人又走进了左边那个小店。

服务小姐同样微笑着把他迎进去，给他盛好一碗粥。问："加一个鸡蛋，还是加两个鸡蛋？"这个人笑了，说："加一个。"

再进来一个客户，服务员又问一句："加一个鸡蛋还是加两个鸡蛋？"爱吃鸡蛋的就要求加两个，不爱吃鸡蛋的就要求加一个。也有要求不加的，但是很少。

一天下来，左边这个小店就要比右边那个小店多卖出很多个鸡蛋。

由此可见，给客户提供较少的选择机会，你就会收到较多的效果，“一”或“二”的选择比“要”、“不要”的选择范围小了很多。

7.“人情”这把利器，你的推销少不了

推销是一种针对客户心理进行说服的艺术，不同的人有不同的购买心理，揣摸客户的购买心理，运用适当的对策，自然向推销成功迈进了一大步。

日本推销专家甘道夫曾对378名推销员做了如下调查：“推销员访问客户时，是如何被拒绝的？”70%的人都没有什么明确的拒绝理由，只是单纯地反感推销员的打扰，随便找个借口就把推销员打发走，可以说拒绝推销的人之中有2/3以上的人在说谎。

作为一个推销员，你可以仔细回顾一下你受到的拒绝，根据以往经验把客户的拒绝理由加以分析和归类，结果会在很大程度上与上述统计数字接近。

一般人说了谎都会有一些良心的不安，这是人之常情，也是问题的要害，抓住这个要害，就为你以后的推销成功奠定了基础。

客户没有明确的拒绝理由，便是“自欺欺人”，这就好比在其心上扎了一针，使良心不得安宁。假如推销员能抓住这个要害，抱着“不卖商品卖人情”的信念，那么，只要客户接受你这份人情，就会买下你的商品，回报你的人情。

一位推销员说起他的一次利用人情推销成功的经验：“我下决心黏住他不放，连续两次静静地在他家门口等待，而且等了很长时间，第三天他让我进门了。这个客户买下了我的人情。生意成交后，他的太太不无感慨地说：‘你来了，我说我先生不在，你却说没

关系你等他，而且就在门口等，我们在家里看着实在不好意思。’”这种人情推销谁好意思拒绝呢？

可以说，利用好人情这把利器，推销时使用它，你一定能快刀斩乱麻，顺利走向成交。

香港巨商曾宪梓在发迹之前，曾有一次背着领带到一家外国商人的服装店推销。服装店老板打量了一下他的寒酸相，就毫不客气地让曾宪梓马上离开店铺。

曾宪梓怏怏不乐地回家后，认真反思了一夜。

第二天一早，他穿着笔挺的西服，又来到了那家服装店，恭恭敬敬地对老板说：“昨天冒犯了您，很对不起，今天能不能赏光吃早茶？”

服装店老板看了看这位衣着讲究、说话礼貌的年轻人，顿生好感。两人边喝茶边聊天，越谈越投机。

喝完茶后，老板问曾宪梓：“领带呢？”

曾宪梓说：“今天专程来道歉的，不谈生意。”

那位老板终于被他的真诚所感动，敬佩之情油然而生，他诚恳地说：“明天你把领带拿来，我给你销。”

由此可见，适当地用人情来吸引客户，也是很好的一个办法，它可以让客户对你产生信任，并且引爆客户的购买欲望。

阿特·海瑞斯是斯奈克塔德零售部经理，斯奈克塔德是纽约通用电器公司的电视台之一。他认为当推销员吸引住潜在客户时，才能创造适当的推销环境。

一位先生是个很难对付的脾气暴躁的人，他总是很敷衍地听别人讲话，但在他的办公室中却无线索可寻。海瑞斯又把停车场扫了一遍，也毫无头绪。他在这位先生所在的城市订了份报纸，当时这位先生有一批石油生意要成交。

“报纸的第一期刊登了这位先生的一封信。”海瑞斯说，“他对拆掉一座有 80 年历史的旅馆不满，那家旅馆是应被保护的历史建筑。”

海瑞斯马上给这位先生写了一封信，对其反抗与不满予以支持，还随信寄去了一本该地区的历史旅游景点手册。

“于是我收到了所有潜在客户来信中最友好的一封回信。”海瑞斯说道，“只有三个人对其刊登的信予以了评论。他没想到事情过了这么久仍会有人看到它。”

海瑞斯成功了，这位先生连续 6 年购买该公司的电视时间。

海瑞斯总是跟着客户的思路走，客户不提及家庭，他不会主动提及。“另一位先生与我签订了一份电视时间的购买订单。”海瑞斯说，“当我们熟悉了之后，就一同去了圣地亚哥。在商务或社会活动期间这位先生从未提及家里的事。当他提起不久之后的日本之行时，我也未问他是否与夫人同行。”

后来海瑞斯才知道这位先生刚刚失去了妻子。若他当年问了这样的问题该有多尴尬:“你妻子怎么样？”

“人情”是推销员推销的利器，也是所有工商企业人士的利器。要想做成生意，少不了人情。

8. 客户的喜好，就是你的出发点

我们说，推销的最终目的在于激发客户的购买欲望，促使客户采取购买行动。而要激发客户的购买欲望，就必须获得与客户面对面的交流机会。

在接近客户阶段，推销人员已成功地引起客户的注意和兴趣，赢得了向客户开展推销洽谈的宝贵机会。为使洽谈能有效进行，使客户能主动参与洽谈，推销人员必须在洽谈开始阶段就深深打动客户，洽谈题材紧紧围绕客户的需要永远是正确的做法。

为此，推销人员在谈判之初必须设法找出此时此刻的客户需要，投其所好地开展推销洽谈，至少应使洽谈在友好、合作的氛围中展开，并提高洽谈的效率。

有一些推销人员，在赢得了洽谈的机会之后就滔滔不绝地介绍自己的产品，或自己的价格政策，或对客户的优惠措施，唯独不去思考、判断此刻客户在考虑什么，他最关心的是什么。所以往往说了半天，最后被客户不耐烦地一句“如果需要你的产品，我会跟你联系的，再见”而敷衍了事。

为了能迅速使推销围绕客户需要展开，在面对面的交流中，推销人员可以掌握推销对象的一般需求规律，并以此为题进行试探性地介绍与提问。尽量动员客户开口说话，让客户表达他的意图，以准确判断客户的真正需要。

随着社会主义市场经济的不断发展，人们接触推销人员的机会越来越多，人们购买的理智性和选择性越来越强。有关研究表明：人们总是更愿意相信那些客观、恰当的推销陈述，总是被那些客观、恰当地介绍自己的推销产品和服务，客观、恰当、公正地看待其他竞争者，以及客观、恰当地回答和承诺客户要求的推销人员所说服。

客观、恰当地传递信息必须坚持以事实和现实可能性为基础，并引导客户对购买评价予以足够重视。

比如，有一位客户需要购置一套中文电脑处理系统，可是，客户要求以一个他认为合适的价格购买。此时，在面对面的交流中，推销人员可以详细地引导客户更全面地认识和评价这一购买决策的其他因素，如售中、售后服务，培训、维修、升级等。事实上，大多数客户并不十分清楚哪些是在购买决策时需考虑的重要问题。

任何事情要想成功，都有捷径，推销也不例外。从客户的喜好入手，适时制造紧张气氛，找到对手最软弱的地方给予一击，将问题化整为零等，这就是成功推销的秘诀。知道了推销中的秘诀，你离成功还会远吗?

客户一般都喜欢和别人谈他的得意之处，推销员一定要找好出发点，从客户的喜好入手。

客户见到推销员时一般都有紧张和戒备心理，如果直奔主题将很难成功，只有从客户的喜好出发，调动客户的积极性才是制胜之道。

原一平准备去拜访一家企业的老板，由于各种原因，他用尽各式各样的方法，都无法见到他要拜访的人。

有一天，原一平终于找到灵感。他看到附近杂货店的伙计从老板公馆的另一道门走了出来。原一平灵机一动，立刻朝那个伙计走去。

“小二哥，你好！前几天，我跟你的老板聊得好开心，今天我有事请教你。”

“请问你老板公馆的衣服都由哪一家洗衣店洗的呢？”

“从我们杂货店门前走过去，有一个上坡路段，走过上坡路，左边那一家洗衣店就是了。”

“谢谢你，另外，你知道洗衣店几天会来收一次衣服吗？”

“这个我不太清楚，大概三四天吧。”

“非常感谢你，祝你好运。”

原一平顺利从洗衣店店主口中得到老板西装的布料、颜色、式样的资料。

西装店的店主对他说：“原先生，你实在太有眼光了，你知道企业名人 ×× 老板吗？他是我们的老主顾，你所选的西装，花色与式样与他的一模一样。”

原一平假装很惊讶地说：“有这回事吗？真是凑巧。”

店主主动提到企业老板的名字，说到老板的西装、领带、皮鞋，还进一步谈到他的谈吐与嗜好。有一天，机会终于来了，原一平穿上那一套西装并打一搭配的领带，从容地站在老板前面。

如原一平所料，他大吃一惊，一脸惊讶，接着恍然大悟，大笑起来。

后来，这位老板成了原一平的客户。

原一平告诉我们，接近准客户最好的方法就是投其所好，培养与准客户一样的爱好或兴趣。当准客户注意你时，就会有进一步想了解你的欲望。

推销员看到一个小孩蹦蹦跳跳、东摸西抓、片刻不停，也许会心中生厌。但一名推销高手，却对他母亲说：“这孩子真是活泼可爱！”

孩子是父母心中的“小太阳”，看到孩子，不论长相啥样，也不管可爱与否，推销员应该说的是：“喔！好可爱的孩子！几岁了……”这样一定能打开对方的话匣子，把小宝宝可爱聪明的故事说上一大堆。这种和谐的气氛自然能“融化”她的借口，顺利推销你的商品。

事实上，小孩、宠物、花卉、书画、嗜好等都可缩短双方的距离，客户的喜好是多种多样的，推销员要广泛搜集并进行研究，掌握其要点，以便对话时有共同语言。了解客户的喜好对推销的成功具有推波助澜的作用，推销员必须善于利用。

9. 找到客户最软弱的地方，给予“致命一击”

英国的十大推销高手之一约翰·凡顿的名片与众不同，每一张上面都印着一个大大的25%，下面写的是约翰·凡顿，英国××公司。当他把名片递给客户的时候，几乎所有人的第一反应都是相同的：“25%，什么意思？”

约翰·凡顿就告诉他们：“如果使用我们的机器设备，您的成本就将会降低25%。”这一下子就引起了客户的兴趣。约翰·凡顿还在名片的背面写了这么一句话：“如果您有兴趣；请拨打电话××××××”，然后将这名片装在信封里，寄给全国各地的客户。结果把许多人的好奇心都激发出来了，客户纷纷打电话过来咨询。

还有一个这样的事例，夏末秋初，美国西雅图的一家百货商店积压了一批衬衫。这一天，老板正在散步，看见一家水果摊前写着“每人限购1000克”，过路的人争相购买。商店老板由此受到启发，回到店里，让店员在门前的广告牌上写上“本店售时尚衬衫，每人限购一件”，并交代店员，凡购两件以上的，必须经理批准。第二天，过路人纷纷进店抢购，上办公室找经理特批超购的大有人在，于是店里积压的衬衫销售一空。

人人都有好奇心，推销员如果能够巧妙地激发客户的好奇心，就迈出了成功推销的第一步。而推销中引起客户的好奇心，让他愿意和你交往下去是第一步，找到客户最软弱的地方给予“致命一击”，则是你接下来要做的工作。

这是一个发生在巴黎一家夜总会的真实故事：为招徕客户，这家夜总会找了一位身壮如牛的大汉，客户可随便击打他的肚子。不少人都一试身手，可那个身壮如牛的家伙竟然毫发无损。

一天晚上，夜总会来了一位美国人，他一句法语也不懂。人们怂恿他去试试，主持人最终用打手势的办法让那个美国人明白了他该做什么。美国人走了过去，脱下外套，挽起袖子。挨打的大个子挺起胸脯深吸一口气，准备接受那一拳。可那个美国人并没往他肚子上打，而是照着他下巴狠揍了一拳，挨打的大汉当时就倒在了地上。

显然那个美国人是由于误解而打倒了对手，但他的举动恰好符合推销中的一条重要原则——找到对手最软弱的地方给予致命一击。

几年前在匹兹堡举行过一个全国性的推销员大会，会议期间，雪佛莱汽车公司的公关经理威廉先生讲了一个故事。

威廉说，一次他想买幢房子，找了一位房地产商。这个地产商可谓聪明绝顶，他先和威廉闲聊，不久他就摸清了威廉想付的佣金，还知道了威廉想买一幢带树林的房子。然后，他开车带着威廉来到一所房子的后院。这幢房子很漂亮，紧挨着一片树林。

他对威廉说：“看看院子里这些树吧，一共有 18 棵呢！”威廉夸了几句那些树，开始问房子的价格，地产商回答道：“价格是个未知数。”威廉一再问价格，可那个商人总是含糊其辞。威廉先生一问到价格，那个商人就开始数那些树“一棵、两棵、三棵”。最后威廉和那个房地产商成交了，价格自然不菲，因为有那 18 棵树。

讲完这个故事，威廉说："这就是推销！他听我说，找到了我到底想要什么，然后很漂亮地向我做了推销。"

只有知道了客户真正想要的是什么，你就找到了让对手购买的"致命点"。

好好把握，成功推销很快就能实现了。

第六章

Chapter 6

没有化解不了的拒绝，没有说服不了的客户

1. 推销始于被拒绝——它没什么大不了

“销售始于被拒绝时”是推销人员的始祖——雷德的名言。确实，你遇到过“嗯！你来得正好！事实上，我正要这些东西。千思万盼，总算把你等到了”这样的客户吗？你肯定没有遇到过，因为人们习惯于拒绝。

人是有思想、有感情、有需求的高级动物。你向人们推销，他不需要这种产品时，一定会拒绝你；他口袋里没有钱时，当然会拒绝你；他对你和你的产品不了解时，可以拒绝你；他对你的推销不理解时，可以拒绝你；他没有考虑到自己有这种需要时，可以拒绝你；他太忙时，可以拒绝你；他情绪不佳时，可以拒绝你；他太兴奋时，可以拒绝你；他对你的形象有点儿看不顺眼时，可以拒绝你；天下雨时，他可以拒绝你；天放晴了，他又可以拒绝你……

总而言之，他可以用任何一个借口，用任何一条理由，甚至是不成其为理由的理由，就可以毫不留情地拒绝你。

这时的你，就应该思考如何回应拒绝了。

被拒绝时，先自我思考一下：“为什么？是因为产品或服务无法让他满意吗？还是他根本就不想再和你交谈。”总之会有理由，我们不妨花些时间，理清思路，找到被拒绝的原因及应对方法。

当然，要想弄明白客户拒绝的真正理由，只有通过与他对话，从他的语言、神态表情及身体动作等方面去猜测和分析。

只要客户不拒绝与你对话，你用某些预先设置的提问去“套”他，就会发现拒绝的真正理由。只要你了解了拒绝的真正理由，便可以对症下药，用你已经准备好的一整套的推销语言和技巧去说服他。

美国心理学家弗里德曼和他的助手曾做过这样一项经典实验：让两位大学生访问郊区的一些家庭主妇。其中一位首先请求家庭主妇将一个小标签贴在窗户或在一份关于美化加州或安全驾驶的请愿书上签名，这是一个小的、无害的要求。

两周后，另一位大学生再次访问家庭主妇，要求她们在今后的两周时间内，在院中竖立一块呼吁安全驾驶的大招牌，该招牌立在院中很不美观，这是一个大要求。结果答应了第一项请求的人中有55% 的人接受了这项要求，而那些第一次没被访问的家庭主妇中只有 17% 的人接受了该要求。

这种现象被心理学上称之为“登门槛效应”。

一下子向别人提出一个较大的要求，人们一般很难接受，而如果逐步提出要求，不断缩小差距，人们就比较容易接受，这主要是由于人们在不断满足小要求的过程中已经逐渐适应，意识不到逐渐提高的要求已经大大偏离了自己的初衷；并且人们都有保持自己形象一致的愿望，都希望给别人留下前后一致的好印象，不希望别人把自己看作“喜怒无常”的人。

因而，在接受了别人的第一个小要求之后，再面对第二个要求时，就此较难以拒绝了。如果这种要求给自己造成的损失并不大的话，人们往往会有一种“反正都已经帮了，再帮一次又何妨”的心理。于是“登门槛效应”就发生作用了，一只脚都进去了，又何必在乎整个身子都要进去呢？

比如，当客户选购衣服时，精明的售货员为打消客户的顾虑，“慷慨”地让客户试一试，当客户将衣服穿在身上时，他称赞该衣服很合适，并周到地为你服务，在这种情况下，当他劝你买下时，很多客户难以拒绝。

因此，在你被拒绝的时候，大可以利用登门槛效应，一步步地化解客户的拒绝。

2. 没准备被拒绝，就会被“拒绝”打个措手不及

推销员可以说是与“拒绝”打交道的人，战胜拒绝的人，才称得上是推销高手。

在战场上，有两种人是必败无疑的：一种是幼稚的乐观主义者，他们满怀豪情，奔赴战场，硬冲蛮打，全然不知敌人的强大，结果不是深陷敌人的圈套，便是惨遭敌人的毒手；另一种是胆小怕死的懦夫，一听到枪炮声便捂起耳朵，一看见敌人就闭上眼睛，东躲西藏，畏缩不前，甚至后退，一旦被敌人发现也是死路一条。这是战场上的原则和规律，但也同样适用于商场和商战。

一个朋友告诉乔·库尔曼说，纽约一个制造商正寻找合适的保险公司，想为自己买一份金额是 25 万美元的财产保险。听到这个消息，科尔曼立即请这位朋友帮他安排一次会面的机会。

两天后，会面的时间已经安排好，次日上午 10 点 45 分。他为第二天的会面积极地准备着。第二天早晨他踏上了前往纽约的火车。

为给自己多一些压力，他一下火车就给纽约最大的一家体检中心打了一个电话，预约好了体检时间。

乔·库尔曼很顺利地走进总裁的办公室。

“你好，库尔曼先生，请坐。”他说，“库尔曼先生，真不好意思，

我想你这一次又白跑一趟了。”

“为什么这么说呢？”听到这儿，库尔曼有些意外，但并不感到沮丧。

“我已经把我想投保财产保险的计划送交给了一些保险公司，它们都是纽约比较大而且很有名气的公司，其中三个保险公司是我朋友开的，并且有一个公司的老总还是我最好的朋友，我们经常会在周末一起打高尔夫球，他们的公司无论规模还是形象都是一流的。”博恩先生指着他面前办公桌上的一摞文件说。

“没错，这几家公司的确很优秀，像这样的公司在世界上都是不多见的。”库尔曼说。

“情况大致就是如此，库尔曼先生。我今年是 46 岁，假如你仍要坚持向我提供人寿保险的方案，你可以按我的年龄，做一个 25 万美元的方案并把它寄给我，我想我会和那些已有的方案做一个比较加以考虑的。如果你的方案能让我满意，而且价格又低的话，那么就是你了。不过我想，你如果这样做很可能是在浪费我的时间，同时也是在浪费你的时间。希望你慎重考虑。”博恩先生说。

一般情况下，推销员听到这些会就此放弃，但库尔曼却没有。他说：“博恩先生，如果您相信我，那么我就对您说真话。”

“我是做保险这一行的，如果您是我的亲兄弟，我会让您赶快把那些所谓的方案扔进废纸篓里去。”库尔曼冷静而坚守地说道。

“只有真正的保险统计员才能明白无误地了解那些投保方案，而一个合格的保险统计员大概要学习 7 年左右的时间，假如您现在选择的保险公司价格低廉，那么，5 年后，价格最高的公司就可能是它，这是历史发展的规律，也是经济发展的必然趋势。没错，这些公司都是世界上最好的保险公司，可您现在还没有做出决定，博恩先生，如果您能给我一次机会，我将帮助您在这些最好的公司里做出满意的选择，我可以问您一些问题吗？”

“你将了解到你所想知道的所有信息。”

“在您的事业蒸蒸日上的时候，您可以信任那些公司，可假如有一天您离开了这个世界，您的公司就不一定像您这样信任他们，难道不是吗？”

“对，可能性还是有的。”

“那么我是不是可以这样想，当您申请的这个保险生效时，您的生命财产安全也就转移到了保险公司一方？可以想象一下，如果有一天，您半夜醒来，突然想到您的保险昨天就到期了，那么，您第二天早晨的第一件事，是不是会立即打电话给您的保险经纪人，要求继续交纳保险费？”

“当然了！”

“可是，您只打算购买财产保险而没有购买人寿保险，难道您不觉得人的生命是第一位的，应该把它的风险降到最低吗？”

博恩先生说：“这个我还没有认真考虑过，但是我想我会很快考虑的。”

“如果您没有购买这样的人寿保险，我觉得您的经济损失是无可估量的，同时也影响了您的很多生意。”

“今天早上我已和纽约著名的卡克雷勒医生约好了，他所做的体检结果是所有保险公司都认可的。只有他的检验结果才能适用于25 万美元的保险单。”

“其他保险代理不能做这些吗？”

“当然，但我想今天早晨他们是不可以了。博恩先生，您应该很清楚地认识到这次体检的重要性，虽然其他保险代理也可以做，但那样会耽搁您很多时间，您想一下，当医院知道检查的结果要冒25万美元的风险时，他们就会作第二次具有权威性的检查，这意味着时间在一天天拖延，您干吗要这样拖延一周，哪怕是一天呢？”

“我想我还是再考虑一下吧！”博恩先生开始犹豫了。

库尔曼继续说道：“博恩先生，假如您明天觉得身体不舒服，比如说喉咙痛或者感冒的话，那么，就得休息至少一个星期，等到完全康复再去检查，保险公司就会因为您的这个小小的病史而附加一个条件，即观察三四个月，以便证明您的病症是急性还是慢性，这样一来您还得等下去，直到进行最后的检查，博恩先生，您说我的话有道理吗？”

“博恩先生，现在是11点10分，如果我们现在出发去检查身体，您和卡克雷勒先生11点30分的约会还不至于耽误。您今天的状态非常不错，如果体检也没什么问题，您所购买的保险将在48小时后生效。我相信您现在的感觉一定很好。”

就这样，库尔曼做成了这笔生意，他又发掘了一个大客户。

被拒绝是很正常的事，一次、两次、三次，但是30次以上还有耐心拜访的人恐怕没有几个。对客户的拒绝做好心理准备，把被拒绝的客户都当作没有拜访过的客户，订单自然会源源不断。

愚勇和怯懦都将导致失败。怎样才能在推销中获胜呢？孙子曰：“知己知彼，百战不殆。”所谓知己，对推销员来说便是知道商品的优劣特点及自己的体力、智力、口才等，并在推销中加以适当发挥。所谓知彼，就是要了解客户的需要和困难是什么，掌握了这些推销规律和技巧才不怕被客户拒绝。

有些推销新手缺少被客户拒绝的经验教训，盲目地认为“我的产品物美价廉，推销一定会一帆风顺”“这家不会让我吃闭门羹”，净往顺利的方面想，根本没有接受拒绝的心理准备，这样推销时一旦交锋，便会被客户的“拒绝”打个措手不及、仓皇而逃。

推销员必须具备顽强的奋斗精神，不能因客户的拒绝一蹶不振、垂头丧气，而应该有被拒绝的心理准备，心理上要能做到坦然接受拒绝，并视每一次拒绝为一个新的开始，最后达到推销成功。

因此，作为一名推销员与其逃避拒绝，不如抱着被拒绝的心理准备去争取一下。推销前好好研究应对策略，如：客户可能怎样拒绝、为什么要拒绝、如何对付拒绝等问题。那么你就能反败为胜，获得成功。

3. 从拒绝者的观点出发，找到问题的症结

一个五六岁的孩子因为父母吵架，就撑着一把雨伞蹲在墙角，父母又求又哄，但孩子不理不睬。两天过去了，孩子的体力极度衰竭，最后，他们请来著名的心理治疗大师狄克森先生。

狄克森也要了一把雨伞在孩子的跟前蹲下了，他面对孩子，注视着孩子的双眼，向孩子投去关切的目光。终于，孩子从恍惚中震了一下，像沉睡中被闪电惊醒的人。狄克森继续与孩子对视。

孩子突然问：“你是什么？”

狄克森反问：“你是什么？”

孩子：“蘑菇好，刮风下雨听不到。”

狄克森：“是的，蘑菇好，蘑菇听不到爸爸、妈妈的吵闹声。”这时，孩子流泪了。

狄克森：“做蘑菇好是好，但是蹲久了又饿又累，我要吃巧克

力。”他掏出块巧克力，送到孩子鼻子前让他闻一闻，然后放进自己嘴里大嚼起来。

孩子:“我也要吃巧克力。”狄克森给了孩子一块巧克力，孩子吃了一半。

狄克森:“吃了巧克力太渴，我要去喝水。”说着，他丢掉了雨伞，站了起来，孩子也跟着站起来。

这是一个从对方的角度入手取得信任，然后治疗心理障碍的经典案例。其实，克服推销障碍与克服心理障碍的原理是一样的。

每个推销员都会遇到推销被质疑的困扰。

有位做了四年的保险推销顾问，经常面对“保险是欺骗，你是骗子”的责难，他怎么办呢？他难道与客户辩论吗？显然不行，他说:“您认为我是骗子吗？”

对方答:“是啊。你难道不是骗子吗？”

他说:“我也经常疑惑，尤其在像您这样的人指责我的时候，我有时真不想干保险了，可就是一直下不了决心。”

对方说:“不想干就别干，怎么还下不了决心呢？”

他说:“因为我在 4 年时间里已经同 500 多个投保户结成了好朋友，他们一听说我不想继续干下去了，就都不同意，要我为他们提供续保服务。尤其是 13 位理赔的客户，听说我动摇了，都打电话不让我走。”

对方惊讶地问:“还有这事？你们真的给投保户赔偿？”

他说:“是的，这是我经手的第一桩理赔案……”就这样，他一次又一次战胜了对保险推销的偏见和拒绝，当场改变了对立者的观点，做成了一笔又一笔的业务。

要想推销成功，面对客户拒绝时首先要接受客户的观点，然后从客户的观点出发与客户沟通，最后沿着共同认可的方向努力，以促成成交。

想成为一名成功的推销人员，你就得学会如何应对客户的拒绝。但这并不保证你学会以后就能一帆风顺，有时碰到难缠的客户，你也只好放弃。

总而言之，不妨把挫折当成是磨炼自己的机会，从中学习克服拒绝的技巧，找到被拒绝的症结所在，你就能应对自如了。

4. 面对拒绝，迎难而上才是关键

有位很认真的保险推销员，当客户拒绝他时，他站起来，拎着公文包向门口走去，突然，他转过身来，向客户深深地鞠了一躬，说："谢谢您，您让我向成功又迈进了一步。"

客户觉得很意外，心想：我把他拒绝得那么干脆，他怎么还要谢我呢？好奇心驱使他追出门去，叫住那位小伙子，问他，为什么被拒绝了还要说谢谢？

那位推销员一本正经地说："我的主管告诉我，当我遭到 40 个人的拒绝时，下一个就会签单了。您是拒绝我的第 39 个人，再多一个，我就成功了。所以，我当然要谢谢您。您给了我一次机会，帮我加快了迈向成功的步伐。"

那位客户很欣赏小伙子积极乐观的心态，马上决定向他投保，还给他介绍了好几位客户。

作为一个推销员，被客户拒绝是难免的，对新手来说也是比较难以接受的。但是再成功的推销员也会遭到客户的拒绝。

问题在于优秀的推销员认为被拒绝是常事，并养成了习惯吃闭门羹的气度，他们经常抱着被拒绝的心理准备，并且怀着征服客户拒绝的自信，以极短的时间完成推销。即使失败了，他们也会冷静地分析客户的拒绝方式，找出应付这种拒绝的方法，当下次再遇到这类拒绝时，就会胸有成竹了。这样长此下去，所遇到的真正拒绝就会越来越少，成功率也会越来越高。

其实，要想真正取得推销的成功，就得有在客户拒绝面前从容不迫的气魄和勇气，不管遭到怎样不客气的拒绝，推销员都应该保持彬彬有礼的服务态度，不管在什么样的拒绝下都应毫不气馁。

查理是电视台的广告推销员，这回他碰到一个棘手的问题，公司要他去攻克一个“难点”客户，这名客户在众多推销员心里相当有影响，他们把对这名客户的描述记录在卡片上给了查理。

查理仔细研究了一下这些卡片，卡片上的记录非常清楚：他已经 5 年没有购买过电视台的广告时间，同时还记着好几个同他联系过的推销员的评价。第一个写道：“他恨电视台。”第二个写道：“他拒绝在电话里同电视台推销代表谈话。”第三个写的是：“这人是混蛋。”

其他推销员的评价更加令查理捧腹大笑。这个客户究竟能有多坏？他想，如果我做成了这笔生意，那该是多么令人骄傲的事，我一定要与他做成买卖。

客户的工厂在镇子的另一边，查理花了一个小时才到那儿，一路上，查理一直在为自己鼓气：“他以前曾在我们电视台购买过广告时间，因此我也可以让他再买一次。”“我知道我将与他达成买卖协议，我一定可以……”查理不停地说。

最终，查理打起精神，下了车，走向大楼的主通道。通道里挺暗的，查理按一下门铃，没人应。太好了。查理想：我以后可以再也不来这儿了。突然，查理看到有一个身材魁梧的人穿过大厅走来。查理知道是主人来了，因为卡片上清楚地记录着他是个异常高大的人。

“嗨！您好。”查理努力保持平静的声音，“我是 TDL 电视台的查理。”

“滚开！”他大叫起来，看上去他异常气愤，额头上的青筋突起。

查理以为自己会按他说的去做，但是查理却说：“不，等等，我是公司的新职员，我希望您拿出 5 分钟时间来帮帮我。”

他推开门，走向大厅，并让查理随他过去。查理跟着他来到办公室。

他在桌后坐下便开始对查理大吼。他告诉查理，电视台对他公司的报道是如何如何的糟糕和低劣。他告诉查理其他的推销员之所以让他愤怒，是因为他们从不做他们承诺过的事。

“您看一下这张卡片，这是他们对您的评价。”查理把那些卡片递给他。

他瞪着那张卡片，一言不发。

他们谁也不说一句话。这时，查理打破冷场：“您看，不管以往发生过什么，不管您如何看待他们，还是他们如何评价您，现在唯一重要的是晚上 10 点半的天气预报广告时段公开销售了，那是一个黄金时段，如果您购买的话，对您的生意将大有裨益，我发誓我会做得非常不错，我不会让您失望的。”

“这就行了。”他的语气缓和了许多，“价钱多少？”

查理给他报了一个价，然后他告诉查理：“行，就这样达成协议吧。”

当查理回到电视台将订单给其他推销代表看时，查理几乎都认为自己有两米高了，从此以后，查理对于那些被认为棘手的客户再也没有害怕过了。

遇到棘手客户的拒绝，其实也没有什么可怕的，不要犹豫，更不要退缩。唯有不怕拒绝，迎难而上，这才是解决难题的关键。

5. 害怕拒绝，只能让成交机会白白流失

吉拉德认为，订约签字的那一刹那，是人生中最有魅力的时刻。

他说：“缔结的过程应该是比较轻松的、顺畅的，甚至有时候应该充满一些幽默感。每当我们将产品说明的过程进行到缔结步骤的时候，不论是推销员还是客户，彼此都会开始觉得紧张，抗拒也开始增强了，而我们的工作就是要解除这种尴尬的局面，让整个过程能够在非常自然的情况之下发生。”

你在要求成交的时候应该先运用假设成交的方法。当你观察到最佳的缔结时机已经来临时，你就可以直接问客户：“你觉得哪一样产品比较适合你？”或者问：“你觉得你想要购买一个还是两个？”“你觉得我们什么时候把货送到你家里最方便呢？”或者直接拿出你的购买合同，开始询问客户的某些个人资料的细节。

缔结的过程之所以让人紧张，主要的原因在于推销员和客户双方都有所恐惧。推销员恐惧在这个时候遭受客户的拒绝；而客户也有所恐惧，因为每当他们做出购买决定的时候，他们会有一种害怕

做错决定的恐惧。

没有一个人喜欢错误的决定，任何人在购买产品时，总是冒了或多或少的风险，万一他们买错了、买贵了、买了不合适的产品，他们的家人是否会怪他，他们的老板或他们的合伙人是不是会对他们的购买决定不满意，这些都会造成客户在做出购买决定的时候犹豫不决或因此退缩。

诚然，缔结是成交阶段的象征，也是推销过程中很重要的一环，有了缔结的动作才有成交的机会，但推销员有时却羞于提出缔结的要求，而白白地让成交的机会流失。

有位挨家挨户推销清洁用品的推销员，好不容易才说服公寓的主妇，帮他开了铁门，让他上楼推销他的产品。当这位辛苦的推销员在主妇面前完全展示他的商品的特色后，见她没有购买的意识，黯然带着推销品下楼离开。

主妇的丈夫下班回家，她不厌其烦地将今天推销员向她展示的产品的优良性能重述一遍后，她丈夫说：“既然你认为那项产品如此实用，为何没有购买？”

“是相当不错，性能也很令我满意，可是那个推销员并没有开口叫我买。”

这是推销员百密一疏、功亏一篑之处，很多推销员，尤其是刚入行的推销员在面对客户时，不敢说出请求成交的话，他们害怕遭到客户的拒绝，生怕只因为这一举动葬送了整笔交易。

其实，推销员所做的一切工作，从了解客户、接近客户、到后来的磋商等一系列行为，最终的目的就是为了成交，遗憾的是，就是这临门一脚也是最关键的一环却是推销员最需要努力学习的。

成交的速度当然是越快越好，任何人都知道成交的时间用得越少，成交的件数就越多。有一句话在推销技巧中被喻为金科玉律：“成交并不稀奇，快速成交才积极。”这句口号直接说明了速度对于推销的重要性。

但是，到底要如何才能达到快速成交的目的？首先必须掌握一个原则：不要作太多说明，商品的特性解说对于客户接受商品的程度是有正面影响的，但是如果解释得太详细反而会形成画蛇添足的窘境。

推销员若感觉到客户购买的意愿出现，可以适当地提出成交建议，这是很重要的一环。大多数人在决定买与不买之间，都会有犹豫的心态，这时只要敢大胆地提出积极而肯定的要求，营造出半强迫性的购买环境，客户的订单就可以手到擒来。千万不要感到不好意思，以为谈钱很现实，反而要了解“会吵的孩子有糖吃”的道理。

适时地尝试可以达到快速成交的理念，倘若提出要求却遭受无情的拒绝，而未能如愿以偿也无妨，只要再回到商品的解说上，接续前面的话题继续进行说明就可以了，直到再一次发现客户的购买意愿出现，再一次提出要求并成交为止。

推销员必须打破刻板的旧观念，大胆勇于尝试提出缔结的要求，这样才不会让机会白白流失。

●●●●●

6. 听到“考虑一下”时，你要加油了

在推销员进行建议和努力说服或证明之后，客户有时会说一句：“知道了，我考虑考虑看看。”或者是：“我考虑好了再跟你联系，请你等我的消息吧！”

客户说要考虑一下，是什么意思？是不是表示他真的有意购买，还是现在还没考虑成熟呢？如果你是这么认为，并且真的指望他考虑好了再来购买，那么你可能是一位不合格的推销员。

其实，对方说“我考虑一下”，乃是一种拒绝的表示，意思几乎相当于“我并不想购买”。

作为一名推销员，当然不能在这种拒绝面前退缩下来，正确的做法应该是迎着这种拒绝顽强地走下去，抓住“让我考虑一下”这句话加以利用，充分发挥自己的韧劲，努力达到商谈的成功。

所以，如果对方说：“让我考虑一下。”推销员应该以积极的态度尽力争取，我们可以用如下几种回答来应对他的“让我考虑一下”：

1. 肯定对方的想法

你可以说，“我很高兴能听到您说要考虑一下，要是您对我们的商品根本没有兴趣，您怎么肯去花时间考虑呢？您既然说要考虑一下，当然是因为对我所介绍的商品感兴趣，也就是说，您是因为有意购买才会去考虑的。

“不过，您所要考虑的究竟是什么呢？是不是只不过想弄清楚您想要购买的是什么？这样的话，请尽管好好看清楚我们的产品；或者您是不是对自己的判断还有所怀疑呢？那么让我来帮您分析一下，以便确认。不过我想，结论应该不会改变的，果然这样的话，您应该可以确认自己的判断是正确的吧，我想您是可以放心的。”

2. 重申自己的观点

接下来，你可以说，“可能是由于我说得不够清楚，以至于您现在尚不能决定购买而还需要考虑。那么请让我把这一点说得更详细一些以帮助您考虑，我想这一点对于了解我们商品的影响是很大的。”

3. 当客户说找人商量时，你应该给予适当建议

可以说：“您是说想找个人商量，对吧？我明白您的意思，您是想要购买的。但另一方面，您又在乎别人的看法，不愿意被别人认为是失败的、错误的。您要找别人商量，要是您不幸问到一个消极的人，可能会得到不要买的建议；

“要是换一个积极的人来商量，他很可能会让你根据自己的考虑做出判断。这两种人，找哪一位商量会有较好的结果呢？您现在面临的问题只不过是决定是否购买而已，而这种事情，必须自己做出决定才行，此外，没有人可以替您做出决定的。其实，若是您并不想购买的话，您就根本不会去花时间考虑这些问题了。”

4. 让对方当场做决定

最后，你可以以这样的话结束自己的谈话，“先生，与其以后再考虑，不如请您现在就考虑清楚做出决定。既然您那么忙，我想您以后也不会有时间考虑这个问题的。”

这样，紧紧咬住对方的“让我考虑一下”的口实不放，不去理会他的拒绝的意思，只管借题发挥、努力争取，尽最大的可能去反败为胜，这才是推销之道。

7. 巧妙避免被拒绝，化不利为有利

客户回绝的理由是你必须克服的障碍。在各类交谈中，都会遇到对方的回绝。只要有可能，就要设法将对方的回绝变成对你有利的因素。但是一定要摸准对方的心理。下面我们可以教你战胜别人

拒绝的方法。

1. 重复对方回绝的话。

这样做具有双重意义。首先，可以有时间考虑；其次，让客户自己听到他回绝你的话，而且是在完全脱离客户自己的态度及所讲的话的上下文的情况下听到的。

2. 设法排除其他回绝的理由。

用一种干脆的提问方式十分有效。"您只有这一个顾虑吗？"或是用一种较为含蓄的方式。"恐怕我还没完全听明白您的话，您能再详细解释一下吗？"

3. 就对方提出的回绝理由向对方进行说服。

完成这项工作有多种方式。

回敬法：将客户回绝的理由作为你对产品宣传的着眼点，以此为基础提出你的新观点。

如果客户说："我不太喜欢这种后开门的车型。"

你可以说："根据全国的统计数字来看，这种车今年最为畅销。"

通过这种方式，你不仅反驳了对方的理由，而且还给对方吃了定心丸。

同有竞争能力的产品进行比较：将产品的优点与其他有竞争能力的产品进行比较，用实例说明自己的产品优于其他同类产品。

还有一种是紧逼法：说明对方回绝的理由是不成立的，以获取对方肯定的回答。

比如，客户："这种壶的颜色似乎不太好，我喜欢红色的。"

供应商："我敢肯定可以给您提供红色的壶。假如我能做到的话，您是否要？"

客户："这种我不太喜欢，我希望有皮垫子。"

家具商："如果我能为您提供带皮垫的安乐椅，您是否会买？"

这种方法极其有效。如果将所有回绝理由都摸清并排除的话，最后一个问题一解决就使对方失去了退路。如果这种方法仍行不通，说明你没能完全把握对方的心理，没能弄清对方的真正用意。

4. 面对客户的拒绝，我们也可以选择以退为进。

首先，把打开的资料合起来，将工具一一收拾好。这时候动作一定要缓慢，除了极特殊的一些人之外，大多数人不会催你，你已经顺从他或她的意志了嘛。一边收拾，一边轻声叹息："太遗憾了，这么好的东西（方案），您不要……"显示你对商品（方案）的强烈信心，对对方未能拥有商品（方案）表示惋惜。

其次，再把收拾好的资料、工具一一放进包（箱）中，继续说："现在不要，以后还不一定能要呢！现在不马上决定，真是太可惜了……"这时候的语速稍微加快，声音也稍稍提高，又一次表达你对商品的信心的同时，制造一种紧迫感，强调此时不要，以后不一定能要成，进行一次强力促成。

如果对方仍无动于衷，就把包（箱）放到左手边，摆出一副立即要中止商谈的架势，趁对方略微放松的一瞬间，突然换一个角度，说："我给您讲一个故事吧……"讲述一个简短而感人的故事，再进行一次情感触动。

若是还不见效，就要真的中止商谈了。把笔插进口袋，站起身，向对方伸出右手（如果你在别人的地盘上，这时候左手拎起包或箱），微笑着说："跟您交谈，真是一件愉快的事情。下次再好好谈一谈，弥补这次的遗憾。"充分显示你并没有把商谈的成败得失放在心上，而是喜欢和对方这个"人"打交道。同时，又争取到了下次面谈的机会。有些高手甚至能做到当场敲定下次面谈的时间。

握手告别后，如果你在别人的地盘上，需要离开商谈场所，转身的动作要干脆利落，与前面的慢声细语形成鲜明的对照，给人留下深刻的印象。转身后别忘记挺胸抬头，使脊背直起来，给对方留下一个美丽的背影，垂头丧气是万万要不得的。

总之，面对客户的拒绝，你不要后退，再艰难你也要勇敢地闯过去。面对客户的拒绝，开动脑筋，化不利为有利。任何一个推销员只要做好这个方面的工作，就是一个优秀的推销员。

8. 告诉客户你将带给他的好处

20 世纪初，一些外国石油公司想在当时只点豆油灯的中国推销他们的煤油。为了打开中国市场，外国商人除了大肆宣传煤油灯的好处外，还挨家挨户地向中国老百姓赠送带玻璃罩的煤油灯，让他们试点。试点的人体会到煤油的好处，便常去买煤油，洋人的煤油终于打进了中国市场。

可见，说服客户购买的最好的办法，就是使客户意识到购买了你所推销的产品以后，将会得到很大的利益，使客户感到他需要这种产品，并且迫切地需要购买，这是一种冒最小的风险、获取最大利益的活动，因此，推销人员必须致力于谈论利益。

此外，还必须将购买后的利益具体化、现实化，使其可信也可及。

“这个电热毯自动控制，不用担心温度过高或偏低，有两个开关分别设置在两边，不用起身就可以从任意一边关启电源；它宽 1.5 米，长 2 米，可供双人床铺用；重 1.5 千克，搬运或存放都很方便；

它所用的面料可以水洗，不用多花钱就可以保持褥子干净……”

这种介绍方法是边讲边议，在介绍产品特点的同时提及所带来的各种好处，使客户觉得购买这种电热毯可以获得许多利益，必定乐意购买。

而不同的客户群体对产品的利益需求是不同的，因此推销人员在告诉客户他将获得的利益方面应有所侧重。

对中低收入阶层来说，他们更在意价格。推销人员就要在介绍产品性能好的同时，还要介绍能节省客户的金钱。

对中等收入阶层来说，他们对产品的性能更关注。推销人员要强调产品在性能方面的优越性，花同样的钱能享受更多的服务，这样客户一定会满意的。

对富裕阶层来说，他们更注重产品与身份相符或是满足他们的一些特殊需要。对这类客户要强调产品的高档和气派，强调产量不高但性能稳定，并且有一些独特的功能。

徐先生打算买一张办公椅，在家具店里看到一贵一贱两张椅子，不知如何挑选。

店员看徐先生试坐两张椅子后，告诉徐先生：“4500 元的这张椅子坐起来较软，觉得很舒服，反而 6000 元的椅子你坐起来觉得不是那么软，因为椅子内的弹簧数不一样，6000 元的椅子由于弹簧数较多，绝对不会因变形而影响到坐姿。

“不良的坐姿会让人的脊柱侧弯，很多人的腰痛就是因为长期不良的坐姿而引起的，光是多出的弹簧的成本就要将近 600 元。同时，这张椅子旋转的支架是纯钢的，它比一般非纯钢的椅子寿命要长一倍，不会因为过重的体重或长期的旋转而磨损、松脱，这一部分坏了，椅子就报销了，因此，这张椅子的平均使用年限要比那张多一倍。

“你这张坐一张，那张要坐两张，纯钢和非纯钢的材料价格会差到 1000 元。另外，这张椅子，看起来不如那张那么豪华，但它完全依人体工学设计的，坐起来虽然不是软绵绵的，但却能让你坐很长的时间都不会感到疲倦。一张好的椅子对经年累月坐在椅子上办公的人来说实在是非常重要的。这张椅子虽然不是那么显眼，但却是一张用心设计的椅子。老实说，那张 4500 元的椅子中看不中用，是卖给那些喜欢便宜的客人的。”

徐先生听了这位店员的说明后，心里想到：还好只贵 1500 元，为了保护我的脊柱，就是贵 3000 元我也会购买这张较贵的椅子。

这位店员就是因为明确地告诉徐先生，这产品将给他带来的好处，“它完全依人体工学设计的，坐起来虽然不是软绵绵的，但却能让你坐很长的时间都不会感到疲倦”“一张好的椅子对经年累月坐在椅子上办公的人来说实在是非常重要的”，所以非常顺利地拿下了订单。

因此，无论你怎样竭力地劝服你的客户，你都需要让他明白：这是他所必需的。这是全部问题的关键之所在，而是化解客户拒绝的最好办法。

第七章

Chapter 7

心态的惊人力量，心态比策略更重要

1. 你若热情，成功便不再是难事

俄亥俄州克里夫兰市的史坦·诺瓦克下班回到家里，发现他最小的儿子提姆又哭又叫地猛踢客厅的墙壁。小提姆第二天就要开始上幼儿园了，他不愿意去，就这样以示抗议。按照史坦平时的作风，他会把孩子赶回自己的卧室去，让孩子一个人在里面，并且告诉孩子他最好还是听话去上幼儿园。由于已了解了这种做法并不能使孩子欢欢喜喜地去幼儿园，史坦决定运用刚学到的知识：热情是一种重要的力量。

他坐下来想：如果我是提姆的话，我怎么样才会乐意去上幼儿园？他和太太列出所有提姆在幼儿园里可能会做的趣事，比如画画、唱歌、交新朋友等。然后他们就开始行动，史坦对这次行动作了生动的描绘："我们都在饭厅桌子上画起画来，我太太、另一个儿子鲍勃和我自己，都觉得很有趣。没有多久，提姆就来偷看我们究竟在做什么事，接着表示他也要画。

"'不行，你得先上幼儿园去学习怎样画。'我以我所能鼓起的全部热情，以他能够听懂的话，说出他在幼儿园中可能会得到的乐趣。第二天早晨，我一起床就下楼，却发现提姆坐在客厅的椅子上睡着。'你怎么睡在这里呢？'我问。'我等着去上幼儿园，我不要迟到。'我们全家的热情已经鼓起了提姆内心里对上幼儿园的渴望，而这一点是讨论或威胁、责骂都不可能做到的。"

热情并不是一个空洞的名词，它是一种重要的力量。也许你的精力不是那么充沛，也许你的个性不是那么坚强，但是一旦你有了热情，并好好地利用它，所有的这一切都可以克服。

你也许很幸运地天生即拥有热情，或者不太走运，必须通过努力才能获得。但是，没有关系，因为发展热情的过程十分简单——从事自己喜欢的工作。

如果你现在仍在感叹自己是多么讨厌推销员这份差事的话，那么还有两个办法让你拥有热情：你现在是否正在从事自己的理想职业？你可以把它作为你的目标，但是不要忘了，你想从事的任何其他工作的前提是你拥有一个成功的基础，那就是你先要做一个成功的推销员。只有这样，你所梦想的那些高层工作才会向你招手。

或者你现在依然是浑浑噩噩，你甚至不知道自己喜欢什么样的工作，那么还有一个办法，很简单，那就是你完全可以让自己爱上这份工作！想想看，你为什么讨厌它，或许你根本没有发现你所从事的工作的本质。

热情是一种状态，夸张地说就是你 24 小时不断地思考一件事，甚至在睡梦中仍念念不忘。当然，如果真的这样你会神经衰弱的。然而，这种专注对你的梦想实现来说却很重要。它可以使你的欲望进到潜意识中，使你无论是清醒或是昏睡，都时时刻刻专注自己的目标，使你有获得成功的坚强意志。

热情可使你释放出潜意识的巨大力量，通常来讲，在认知的层次，一个普通人是无法和天才竞争的。但是，大多数的心理学家都赞同这样一个观点：潜意识的力量要比有意识的大得多。也许你已经毕业奋斗了好几年，还是一个小角色，但是请相信自己：一旦将潜意识的力量挖掘，你就可以创造奇迹。

如果你现在仍旧可能不时地受到怯懦、自卑或恐惧的袭击，甚至被这些不正常心理所击倒，那么只能说明你还没有发现和感受到热情的放射力量。其实在每个人身上都有强大的潜力，只是并非每个人都知道和了解，所以很多人的潜力只是未被发现和利用罢了。你若经常或多或少有自卑感，常常低估自己，对自己失去信心，缺少热情，那么请尝试相信自己的健康、精力与忍耐力，尝试相信自己具有强大的潜在力量，这种自信将会给予你极大的热情。请记住：热爱自己就会帮助自己成功。

热情可以使人成功，使人解决似乎难以解决的难题；同理，没有热情就不会成功，很多活生生的例子就说明了这一点。

“十分钱连锁商店”的创办人查尔斯·华尔渥兹说过：“只有对工作毫无热情忱的人才会到处碰壁。”查尔斯·史考伯则说：“对任何事都没有热情的人，做任何事都不会成功。”

当然，这是不能一概而论的，譬如一个毫无音乐才气的人，不论如何热情和努力，都不可能变成一位音乐界的名家。但凡是具有必需的才气，有着可能实现的目标，并且具有极大热情的人，做任何事都会有所收获，不论物质上或精神上都一样。

关于这点，我们可以引用著名的人寿保险推销员法兰克·贝特格的一些话加以说明。以下是贝特格在他的著作中所列出的一些经验之谈：

“当时是 1907 年，我刚转入职业棒球界不久，就遭到有生以来最大的打击，因为我被开除了。我的动作无力，因此球队的经理有意要我走人。他对我说：‘你这样慢吞吞的，哪像是在球场混了 20 年。法兰克，离开这里之后，无论你到哪里做任何事，若不提起精神来，你将永远不会有出路。’

“本来我的月薪是 175 美元，离开之后，我参加了亚特兰斯克球队，月薪减为 25 美元。薪水这么少，我做事当然没有热情，但我决心努力试一试。待了大约 10 天之后，一位名叫丁尼·密亨的老队员把我介绍到新凡去。在新凡的第一天，我的一生有了一个重要的转变。

“因为在那个地方没有人知道我过去的情形，我就决心变成新英格兰最具热情的球员。为了实现这点，当然必须采取行动才行。

“我一上场，就好像全身带电。我强力地投出高速球，使接球的人双手都麻木了。记得有一次，我以强烈的气势冲入三垒，那位三垒手吓呆了，球漏接，我就盗垒成功了。当时气温高达华氏 100 度，我在球场奔来跑去，极可能中暑而倒下去。

“这种热情所带来的结果，真令人吃惊——

“我心中所有的恐惧都消失了，发挥出意想不到的技能；

“由于我的热情，其他的队员跟着热情起来；

“我不但没有中暑，在比赛中和比赛后，还感到从没有如此健康过。

“第二天早晨，我读报的时候，兴奋得无以复加。报上说：‘那位新加进来的贝特格，无异是一个霹雳球，全队的人受到他的影响，都充满了活力。他们不但赢了，而且是本季最精彩的一场比赛。’

“由于热情的态度，我的月薪由 25 美元提高为 185 美元，多了 7 倍。

“在往后的 2 年里，我一直担任三垒手，薪水加到 30 倍之多。为什么呢？就是因为一股热情，没有别的原因。”

后来贝特格的手臂受了伤，不得不放弃打棒球。接着，他到菲特列人寿保险公司当保险员，整整一年多都没有什么成绩，因此很苦闷。但后来他又变得热情起来，就像当年打棒球那样。

再后来，他成了人寿保险界的大红人。不但有人请他撰稿，还有人请他演讲自己的经验。他说："我从事推销已经 30 年了。我见到许多人，由于对工作抱着热情的态度，使他们的收入成倍地增加起来。我也见到另一些人，由于缺乏热情而走投无路。我深信，唯有热情的态度，才是成功推销的最重要因素。"

如果热情对任何人都能产生这么惊人的效果，对你我也应该有同样的功效。

所以，可以得出如下的结论：热情的态度，是做任何事必需的条件。我们都应该深信此点。任何人，只要具备这个条件，都能获得成功，他的事业，必会飞黄腾达。

2. 推销靠的是坚持不懈，而不是一时冲动

开学第一天，苏格拉底对学生们说："今天我们只学一件最简单也是最容易的事儿。每人把胳膊尽量往前甩，然后再尽量往后甩。"说着，苏格拉底示范了一遍。"从今天开始，每天做 300 下。大家能做到吗？"

学生们都笑了，这么简单的事，有什么做不到的？过了一个月，苏格拉底问学生们："每天甩手 300 下，哪些同学在坚持着？"有 90% 的同学骄傲地举起了手。又过了一个月，苏格拉底又问，这回，坚持下来的学生只剩下八成。

一年过后，苏格拉底再一次问大家："请告诉我，最简单的甩手运动，还有哪几位同学坚持着？"这时，整个教室里，只有一人举起了手，这个学生就是后来的古希腊另一位大哲学家柏拉图。

世间最容易的事常常也是最难做的，最难的事也是最容易做的。说它容易，是因为只要愿意做，人人都能做到；说它难，是因为真正能做到并持之以恒的，终究只是极少数人。所以，半途而废者经常会说“那已足够了”“这不值”“事情可能会变坏”“这样做毫无意义”。而能够持之以恒者会说“做到最好”“尽全力”“再坚持一下”。

一次拍卖会上，有大批的脚踏车出售。当第一辆脚踏车开始竟拍时，站在最前面的一个不到12岁的男孩抢先出价：“5块钱。”可惜，这辆车被出价更高的人买走了。

稍后，另一辆脚踏车开拍。这位小男孩又出价5元钱。接下来，他每次都出这个价，而且不再加价。不过，5元钱的确太少了：那些脚踏车都卖到35元或40元钱，有的甚至卖到100元以上。暂停休息时，拍卖员问小男孩为什么不出较高价竞争。小男孩说，他只有5元钱。

拍卖继续，小男孩还是给每辆脚踏车出5元钱。他的这一举动引起了所有人的注意。人们交头接耳地议论着他。

经过漫长的一个半小时后，拍卖快要结束了，只剩下最后一辆脚踏车，而且是非常棒的一辆，车身光亮如新，令小男孩怦然心动。拍卖员问：“有谁出价吗？”

这时，小男孩依然抢先出价说：“5元钱。”

拍卖员停止唱价，静静地站在那里。观众也默不作声，没有人举手喊价。静待片刻后，拍卖员说：“成交！5元钱卖给那个穿短裤、白球鞋的小伙子。”

观众纷纷鼓掌。

小男孩脸上洋溢着幸福的光芒，拿出握在汗湿的手心里揉皱了的5元钱，买下了那辆无疑是世界上最漂亮的脚踏车。

可见，一个做事没有耐心、没有恒心的人是很难成功的。因为任何一件事的成功都不是偶然的，它需要你耐心的等待。同样，一个人做事不坚持，他就很难看到成功，因为他在成功到来之前就放弃了。

一个人的毅力决定了我们在面对困难、失败、挫折、打击时，是倒下去还是屹立不动。一个人如果想把任何事进行到底，单单靠着“一时的冲劲”是不行的，还需要毅力方能成事。具有毅力的人，不达目标绝不中止。

世界潜能大师博恩·崔西曾说过：“现在世界上大部分的人都处在不耐心的状态下，有许多人做行销、推销有一个非常奇怪的习惯：东边一只兔子，去追；西边有一只兔子，也去追；南边有一只兔子，去追；北边有一只兔子，还去追；追来追去，一只兔子也追不到。所以，成功永远只是耐心不耐心的问题，要成功就要坚持只去追一只兔子。”

有位国际著名的推销大师，即将告别他的推销生涯，应行业协会和社会各界的邀请，他将在该城中最大的体育馆作告别职业生涯的演说。

那天，会场座无虚席，人们在热切地等待着那位当代最伟大的推销员作精彩的演讲。当大幕徐徐拉开，6个彪形大汉抬着一个巨大的铁球走到舞台的中央。

一位老者在人们热烈的掌声中走了出来，站在铁球的一边，他就是那位今天将要演讲的推销大师。

人们惊奇地望着他，不知道他要做出什么举动。

这时，两位工作人员抬着一个大铁锤，放在老者的面前。

老人请两个年轻力壮的人用这个大铁锤去敲打那个铁球，直到它滚动起来。

一个年轻人抡着铁锤，全力向铁球砸去，一声震耳的响声过后，那铁球动也没动。他用大铁锤接二连三地敲了一段时间后，很快就气喘吁吁了。

另一个人也不甘示弱，接过大铁锤把铁球敲得叮当响，可是铁球仍旧一动不动。

台下逐渐没了呐喊声，观众好像认定那是没用的，铁锤是敲不动铁球的。他们在等着老人做出什么解释。

会场恢复了平静，老人从上衣口袋里掏出一个小锤，然后认真地面对着那个巨大的铁球。他用小锤对着铁球“咚”地敲了一下，然后停顿一下，再一次用小锤“咚”地敲一下，停顿一下，然后“咚”地敲一下……就这样持续地用小锤敲打着。

10 分钟过去了，20 分钟过去了，会场早已开始骚动，有的人干脆叫骂起来，人们用各种声音和动作发泄着他们的不满。老人好像什么也没听见，仍然一小锤一小锤地工作着。人们开始愤然离去，会场上出现了大块大块的空缺。

大概在老人进行到 40 分钟的时候，坐在前面的一个妇女突然尖叫一声：“球动了！”霎时间会场立即鸦雀无声，人们聚精会神地看着那个铁球。那球以很小的幅度真的动了起来。老人仍旧一小锤一小锤地敲着。铁球在老人一锤一锤的敲打中越动越快，最后滚动起来了，场上终于爆发出一阵阵热烈的掌声。在掌声中，老人转过身来，说：“当成功来临的时候，你挡都挡不住。”

每个人生命中的每一天都要接受很多的考验。如果能够坚忍不拔，勇往直前，迎接挑战，那么你一定会成功。

希望你坚持不懈，直到成功。要相信自己天生就是为了成功而降临世界的，自己的身体中只有成功的血液在流淌。你不是任人鞭打的耕牛，而是不与懦夫为伍的猛兽。千万不要被那些懦夫的哭泣和失意的抱怨所感染，你和他们不一样，你要意志坚定地做你的猛兽，才能笑傲在自己的领域！

只需要抱定一个信念——明天会更好。当你精疲力竭时，你是否可以抵制睡眠的诱惑？再试一次，坚持就是胜利，争取每一天的成功，避免以失败收场。当别人停滞不前时，你不可以放纵自己，你要继续拼搏，因为只要你的付出比别人多一点点，有一天你就会丰收。

希望你坚持不懈，直到成功！

3. 相信你自己，你才能成功

一位推销员，每当在推销商品的过程中遇到挫折时，他会想：我是世界上独一无二的，我是上帝创造的杰作和奇迹，即使当我屡被拒绝。而且上天将这神灵的羊皮卷赐予我，我就是自然界伟大的奇迹，我将永远不再自怜，而且从今天起，我要加倍重视自己的价值。

因为他坚信“羊皮卷”中的真言乃是神的谕旨，于是他毫无顾忌地大声诵读起来：

“我相信，我是自然界最伟大的奇迹。

“我不是随意来到这个世间的。我生来应为高山，而非草芥。从今天起，我要倾尽全力成为群峰之巅，发挥出最大的潜能。

“我要汲取前人的经验，了解自己以及手中的货物，这样才能更大程度地增加销量。我要斟酌词句，反复推敲推销时用的语言，因为这关系到事业的成败。我知道，许多成功的推销员，其实只有一套说辞，却能使他们无往不利。我还要不断改进自己的仪表和风度，因为这是最能吸引别人的关键。”

“信者”为“储”，不信者即无储，不自信就自卑，自卑就会恐惧……缺乏自信带来的后果是非常可怕的。

如果没有坚定的自信去勇于面对责难和嘲讽，去不断地尝试动摇传统和挑战权威，那么爱迪生不可能发明电灯，莫尔斯不可能发明电报，贝尔不可能发明电话……

有一个法国人，42 岁时仍一事无成，他自己也认为自己简直倒霉透了：离婚、破产、失业……他不知道自己的生存价值和人生意义何在。他对自己非常不满，变得古怪、易怒，同时又十分脆弱。有一天，一个吉普赛人在巴黎街头算命，他上前一试。

吉普赛人看过他的手相之后，说：

“您是一个伟人，您很了不起！”

“什么？”他大吃一惊，“我是个伟人，你不是在开玩笑吧？”

吉普赛人平静地说：

“您知道您是谁吗？”

我是谁？他暗想，是个倒霉鬼，是个穷光蛋，我是个被生活抛弃的人！

但他仍然故作镇静地问：“我是谁呢？”

“您是伟人，”吉普赛人说，“您知道吗？您是拿破仑转世！您身上流的血、您的勇气和智慧，都是拿破仑的啊！先生，难道您真的没有发觉，您的面貌也很像拿破仑吗？”

“不会吧……”他迟疑地说，“我离婚了……我破产了……我失业了……我几乎无家可归……”

“嗨，那是您的过去，”吉普赛人只好说，“您的未来可不得了！如果先生您不相信，就不用给钱好了。不过，5 年后，您将是法国最成功的人啊！因为您就是拿破仑的化身！”

他表面装作极不相信地离开了，但心里却有了一种从未有过的伟大感觉。他对拿破仑产生了浓厚的兴趣。回家后，就想方设法找拿破仑有关的一切书籍著述来学习，渐渐地，他发现周围的环境开始改变了：朋友、家人、同事、老板，都换了另一种眼光、另一种表情对他。事情开始顺利起来。13 年以后，也就是在他 55 岁的时候，他成了法国赫赫有名的亿万富翁。

自信是每一个成功人士最为重要的特质之一，是我们获得财富、争取自由的出发点。有句谚语说得好：“必须具有信心，才能真正拥有。”

当然，真正的自信不是孤芳自赏，也不是夜郎自大，更不是得意忘形、自以为是和盲目乐观；真正的自信就是看到自己的强项或者说好的一面来加以肯定、展示或表达。它是内在实力和实际能力的一种体现，能够清楚地预见并把握事情的正确性和发展趋势，引导自己做得最好或更好。

世界酒店大王希尔顿，用少量资本创业起家，有人问他成功的秘诀，他说：“信心。”

拿破仑·希尔也说：“有方向感的自信心，令我们每一个意念都充满力量。当你有强大的自信心去推动你的致富巨轮时，你就可以平步青云！”

只有先相信自己，别人才会相信你，多诺阿索说：“你需要推销的首先就是你的自信，你越是自信，就越能表现出自信的品质。”一个人一旦在自己心中把自己的形象提升之后，其走路的姿势、言谈、举止，无不显示出自信、轻松和愉快，从气势上表现出可以自己做主并且冲劲十足、热情高涨、热心助人。

居里夫人也说：“我们的生活多不容易，但是，那有什么关系？我们必须有恒心，尤其要有自信心，我们的天赋是用来做某件事情的，无论代价多么大，这件事情必须做到。”

汤姆·邓普西生下来的时候只有半只左脚和一只畸形的右手，父母从不让他因为自己的残疾而感到不安。结果，他能做到任何健全男孩所能做的事：如果童子军团行军 10 公里，汤姆也同样可以走完 10 公里。

后来他学踢橄榄球，他发现：自己能把球踢得比在一起玩的男孩子都远。他请人为他专门设计了一只鞋子，参加了踢球测验，并且得到了冲锋队的一份合约。

但是教练却尽量婉转地告诉他，说他“不具备做职业橄榄球员的条件”，劝他去试试其他的事业。最后他申请加入新奥尔良圣徒球队，并且请求教练给他一次机会。教练虽然心存怀疑，但是看到这个男子这么自信，对他有了好感，因此就留下了他。

两个星期之后，教练对他的好感加深了，因为他在一次友谊赛中踢出了 55 码并且为本队得了分。这使他获得了专为圣徒队踢球的工作，而且在那一季中为他的球队得了 99 分。

他一生中最伟大的时刻到来了。那天，球场上坐了 6.6 万名球迷。球是在 28 码线上，比赛只剩下几秒钟。这时球队把球推进到 45 码线上。“邓普西，进场踢球！”教练大声说。

当汤姆进场时，他知道他的队距离得分线有 45 码远。球传接得很好，邓普西一脚全力踢在球身上，球笔直地向前飞去。但是踢得够远吗？6.6 万名球迷屏住气观看，球在球门横杆之上几英寸的地方越过，接着终端得分线上的裁判举起了双手，表示得了 3 分，汤姆的球队以 19 比 17 获胜。球迷们疯狂地叫着，为踢得最远的一球而兴奋，因为这是只有半只左脚和一只畸形的手的球员踢出来的！

“真令人难以相信！”有人感叹道，但是邓普西只是微笑。他想起他的父母，他们一直告诉他的是他能做什么，而不是他不能做什么。他之所以创造了这么了不起的纪录，正如他自己说的：“他们从来没有告诉我，我有什么不能做的。”

这就是自信！

4. 不能有效管理时间，成功推销就无从谈起

每一个成功者都非常珍惜自己的时间，无论是老板还是打工族，一个做事有计划的人总是能判断自己面对的客户在生意上的价值，如果有很多不必要的废话，他们都会想出一个收场的办法。同时，他们也绝对不会在别人的上班时间，去海阔天空地谈些与工作无关的话，因为这样做实际上是在妨碍别人的工作，浪费别人的生命。

在美国近代企业界里，与人接洽生意能以最少时间产生最大效率的人，非金融大王摩根莫属，为了珍惜时间他招致了许多怨恨。

摩根每天上午 9 点 30 分准时进入办公室，下午 5 点回家。有人对摩根的资本进行了计算后说，他每分钟的收入是 20 美元，但

摩根说好像不止这些。所以，除了与生意上有特别关系的人商谈外，他与人谈话绝不超过 5 分钟。

通常，摩根总是在一间很大的办公室里与许多员工一起工作，他不是一个人待在房间里工作。摩根会随时指挥他手下的员工，按照他的计划去行事。如果你走进他那间大办公室，是很容易见到他的，但如果你没有重要的事情，他是绝对不会欢迎你的。

摩根能够轻易地判断出一个人来接洽的到底是什么事。当你对他说话时，一切转弯抹角的方法都会失去效力，他能够立刻判断出你的真实意图。这种卓越的判断力使摩根节省了许多宝贵的时间。有些人本来就没有什么重要事情需要接洽，只是想找个人来聊天，而耗费了工作繁忙的人许多重要的时间。摩根对这种人简直是恨之入骨。

人人都须懂得时间的宝贵，“光阴一去不复返”。当你踏入社会，开始工作的时候，一定是浑身充满干劲的。你应该把这干劲全部用在事业上，无论你做什么职业，你都要努力工作、刻苦经营。如果能一直坚持这样做，那么这种习惯一定会给你带来丰硕的成果。

无论是谁，如果不趁年富力强的黄金时代去培养自己善于集中精力的好性格，那么他以后一定不会有什么大成就。世界上最大的浪费，就是把一个人宝贵的精力无谓地分散到许多不同的事情上。一个人的时间有限、能力有限、资源有限，想要样样都精、门门都通，绝不可能办到，如果你想在某些方面取得一定成就，就一定要牢记这条法则。

对于一个人来说，生命是他最重要的。一个生命降临到这个世界上，在以后的日子里他要走过几十年的时间，而时间是他最初带来的，也就是他最初的财富。时间在一分一秒地过去，他的生命也在一点儿一点儿地减少，财富也就随之减少了。

有的人用一生的时间追求权力和金钱，但是到最后当他们不再年轻的时候，才知道原来时间就是他最大的财富，拥有一切的时候却发现自己变穷了，因为时间不会再回来，他失去了最初的财富。

人们说时间就是金钱，这种说法低估了时间的价值，时间远比金钱更宝贵一通常如此。即使我们富可敌国，也不会为自己买下比任何人多 1 分钟的时间。

许多伟人为什么能够名垂千古，一个重要的原因就在于他们非常珍惜时间。他们在一生有限的时间里，争分夺秒地为实现他们的人生目标不停地努力、奋斗、进步。意大利文艺复兴时期，几乎所有的文学创作者同时又都是勤奋工作、兢兢业业的商人、医生、政治家、法官或士兵。

以现在人均寿命 70 岁计算，人一生将占有 60 多万个小时，即使除去休息时间也有 35 万多个小时。而就一生的时间而言是不断减少的，但是人对实际时间的利用和发挥是不一样的，因而实际生命的长短也是不一样的。所以对于挤时间的人来说，时间却又是在不断增加的，甚至是成倍地增加。

时间像是海绵，要靠一点儿一点儿地挤；时间更像边角料，要学会合理利用，一点一滴地积累。

那么，作为推销员的你，应该如何利用好自己的时间呢？

1. 把大部分时间和主要精力运用于重要事情上。

一天，时间管理专家为一群商学院的学生讲课。

“我们来个小测验。”专家拿出一个一加仑的广口瓶放在桌上。随后，他取出一堆拳头大小的石块，把它们一块块地放进瓶子里，直到石块高出瓶口再也放不下了。他问："瓶子满了吗？"所有的学生应道："满了。"他反问："真的？"说着他从桌下取出一桶沙子，倒了一些进去，并敲击玻璃壁使沙子填满石块间的间隙。

"现在瓶子满了吗？"这一次学生有些明白了，"可能还没有。"一位学生应道。"很好！"他伸手从桌下又拿出一桶再细的沙子，把沙子慢慢倒进玻璃瓶。沙子填满了石块的所有间隙。他又一次问学生："瓶子满了吗？""没满！"学生们大声说。然后专家拿过一壶水倒进玻璃瓶直到水面与瓶口齐平。他望着学生，"这个例子说明了什么？"一个学生举手发言："它告诉我们：无论你的时间多么紧凑，如果你真的再加把劲，你还可以干更多的事！"

"不，那还不是它的寓意所在。"专家说，"这个例子告诉我们，如果你不先把大石块放进瓶子里，那么你就再也无法把它们放进去了。那么，什么是你生命中的'大石块'呢？你的信仰、学识、梦想，或是和我一样，传道授业解惑。切切记住，得先去处理这些'大石块'，否则你就将悔恨终生。"

上天是公平的，上帝给每个人的时间一样多，每个人一天的时间都是 24 小时，一天都是 86400 秒。没有谁比谁多一分钟，亦没有谁比谁少一分钟。时间一样多，但人的成就却不一样大，为什么？就是因为对于时间的态度和管理策略不同。

2. 学会利用琐碎时间。

工作与工作之间总会出现时间的空当，人们都会在每件事情与事情之间浪费琐碎的片段时间，例如等车、等电梯、搭飞机，甚至上厕所时，或多或少都会有片刻的空闲时间，如果我们不善加利用，这些时间就会白白溜走；倘若能够善加利用，积累起来的时间所产生的效果也是非常可观的。

推销员在等公共汽车时总有近10分钟的空当时间，若是毫无目标地与人闲聊或四下张望，就是缺乏效率的时间运用。如果每天利用这10分钟等车的时间想一想自己将要拜访的客户，想一想自己的开场白，对自己的下一步工作做一下安排，那么，你的推销工作一定能顺利展开。不要小看不起眼的几分钟，说不定正是由于这几分钟的策划，你的推销就取得了成功。

3. 妥善地规划行程也是有效利用时间的方法。

在时间的运用上，最忌讳的是缺乏事前计划，临时起意，想到哪里就做到哪里，这是最浪费时间的。

推销员拜访客户时，从甲客户到丙客户的行程安排中，遗漏了两者中间还有一个乙客户的存在，等到拜访完丙客户时，才又想到必须绕回去拜访乙客户，这就是事先未做好妥善的

行程规划所致，如此一来，做事的效率自然事倍功半。

另外，某些私人事务也可以在拜访客户的行程中顺道完成，来减少往返时间的浪费。例如，交水电费、交电话费、寄信、买车票等，因此一份完整的行程安排表是不可或缺的。

4. 做时间的主人，有积极的时间概念。

凡事必须定出完成的时间，才会迫使自己积极地掌握时间，有句俗话说："住得近的人容易晚到。"其原因是住得近，容易忽略时间。

例如，一些推销员为了方便上班，在离公司一步之遥的地方租房子，因为很快就可以到达公司，但也容易养成磨磨蹭蹭的坏习惯，结果往往是快迟到的时候才惊觉时间已经来不及了。

事实上，不是时间不够用，而是因为消极的心态让你疏忽了时间的重要性。因此，要改变自己的想法，就必须用正确而积极的态

度面对时间管理，要求自己凡事都得限时完成，如此，事情才会一件接着一件地完成，这才是有效率的工作。

推销员是可以自由支配自己时间的人，如果自己没有时间概念，不能有效地管理好自己的时间，那么推销的成功就无从谈起。

5. 面对挫折，积极调整自己的心态和情绪

美国从事个性分析的专家罗伯特·菲利浦有一次在办公室接待了一个因自己开办的企业倒闭而负债累累，离开妻女到处为家的流浪者。

那人进门打招呼说:“我来这儿，是想见见这本书的作者。”说着，他从口袋中拿出一本名为《自信心》的书，那是罗伯特许多年前写的。

流浪者继续说:“一定是命运之神在昨天下午把这本书放入我的口袋中的，因为我当时决定跳到密歇根湖，了却此生。我已经看破一切，认为一切已经绝望，所有的人（包括上帝在内）已经抛弃了我，但还好，我看到了这本书，使我产生新的看法，为我带来了勇气及希望，并支持我度过昨天晚上。我已下定决心:只要我能见到这本书的作者，他一定能协助我再度站起来。现在，我来了，我想知道你能替我这样的人做些什么。”

在他说话的时候，罗伯特从头到脚打量流浪者，发现他茫然的眼神、沮丧的皱纹、十几天未刮的胡须以及紧张的神态，这一切都显示:他已经无可救药了。但罗伯特不忍心对他这样说，因此，请他坐下，要他把自己的故事完完整整地说出来。

听完流浪汉的故事，罗伯特想了想，说："虽然我没有办法帮助你，但如果你愿意的话，我可以介绍你去见本大楼的一个人，他可以帮助你赚回你所损失的钱，并且协助你东山再起。"罗伯特刚说完，流浪汉立刻跳了起来，抓住他的手，说道："看在上天的份上，请带我去见这个人。"

他会为了"上天的份上"而做此要求，显示他心中仍然存在着一丝希望。所以，罗伯特拉着他的手，引导他来到从事个性分析的心理实验室里，和他一起站在一块窗帘之前。罗伯特把窗帘拉开，露出一面高大的镜子，罗伯特指着镜子里的流浪汉说："就是这个人。在这世界上，只有一个人能够使你东山再起，除非你坐下来，彻底认识这个人——当作你从前并未认识他——否则，你只能跳进密歇根湖里，因为在你对这个人作充分的认识之前，对于你自己或这个世界来说，这都将是一个没有任何价值的废物。"

流浪汉朝着镜子走了几步，用手摸摸他长满胡须的脸孔，对着镜子里的人从头到脚打量了几分钟，然后后退几步，低下头，开始哭泣起来。过了一会儿后，罗伯特领他走出电梯间，送他离去。

几天后，罗伯特在街上碰到了这个人，他不再是一个流浪汉形象，而是西装革履，步伐轻快有力，头抬得高高的，原来那种衰老、不安、紧张的姿态已经消失不见。他说他感谢罗伯特先生，让他找回了自己，很快找到了工作。

后来，那个人真的东山再起，成为芝加哥的富翁。

很多时候，挫折是一面镜子，能照见人的污浊；但挫折，也是一副清醒剂，是条鞭子，可以使你在抽打中清醒。

挫折，会使你冷静地反思自责，正视自己的缺点和弱项，努力克服不足，以求一搏；挫折，会使人细细品味人生，反复咀嚼人生甘苦，培养自身悟性，不断完善自己；挫折，不是一束鲜花，而是一丛荆棘，鲜花虽令人怡情，但常使人失去警惕；荆棘虽叫人心悸，却使人头脑清醒。

作为推销员，我们难免会遇到这样那样的挫折，约见不顺利，沟通进行不下去，客户太过于难缠……但是，面对挫折，我们不能丧志，要重新调整自己的心态和情绪，校正人生的坐标和航线，重新寻找和把握机会，找到自己的位置，发出自己的光芒。如此一来，我们才能走出挫折，获得推销活动的成功。

有一个男孩在报上看到应征启事，正好是适合他的工作。第二天早上，当他准时前往应征地点时，发现应征队伍中已有 20 个男孩在排队。

如果换成另一个意志薄弱、不太聪明的男孩，可能会因此而打退堂鼓。但是这个年轻人却完全不一样。他认为自己应该动动脑筋，运用自身的智慧想办法解决困难。他不往消极面思考，而是认真用脑子去想，看看是否有办法解决。

他拿出一张纸，写了几行字，然后走出行列，并要求后面的男孩为他保留位子。他走到负责招聘的女秘书面前，很有礼貌地说："小姐，请你把这张纸交给老板，这件事很重要，谢谢你。"

这位秘书对他的印象很深刻，因为他看起来神情愉悦，文质彬彬，有一股强有力的吸引力，令人难以忘记。所以，她将这张纸交给了老板。

老板打开纸条，见上面写着这样一句话：

"先生，我是排在第 21 号的男孩。请不要在见到我之前做出任何决定。"

你可以预料到，最后的结果是这个年轻人被顺利录取。

因此，人生不必害怕困境，只要调整心态，勇于迎接挑战，加之勤动脑，运用智慧去积极地解决问题，相信任何困境都将成为你成功的一个机遇。这时，你也许会由衷地感激这些人生中的逆境，正是因为它们的存在，让你的人生充满了挑战、机遇和更大的成功。

6. 学会控制你的情绪，这是一种能力

每个人的观念及价值观不同，所以看待同一件事情所得到的反应也不同。你觉得是件快乐的事情，在别人看来却有点儿伤感。每个人都有每个人不同的快乐标准，每个人也都有每个人不一样的忧愁。

吃葡萄时，悲观者从大粒的开始吃，心里充满了失望，因为他所吃的每一粒都比上一粒小。而乐观者则从小粒的开始吃，心里充满了快乐，因为他所吃的每一粒都比上一粒大。悲观者决定学着乐观者的吃法吃葡萄，但还是快乐不起来，因为在他看来他吃到的都是最小的一粒。乐观者也想换种吃法，他从大粒的开始吃，依旧感觉良好，在他看来他吃到的都是最大的。

悲观者的眼光与乐观者的眼光截然不同，悲观者看到的都令他失望，而乐观者看到的都令他快乐。如果你是那个悲观者的话，你不需要换种吃法，你只需要换一种看待事情的眼光。

晚年的海菲，已是一位事业辉煌、构筑起自己强大的商业王国之人，每当他回首自己走向“世界上最伟大的推销员”的历程时，他总是颇有感慨地说：“对于任何一位想成大事的人来说，要学会

控制自己，成为自己的主人，才能够做到不再难与人相处，而且笑对整个世界、笑对人生。”这需要你学会控制情绪。

怎样才能控制情绪，以使每天卓有成效呢？

除非你心平气和面对一切，否则迎来的又将是失败的一天。花草树木，随着气候的变化而生长，但是你只能为自己创造宜人的天气。你要学会用自己的心态弥补气候的不足。如果你为客户带来风雨、冰霜、黑暗和不快，那么他们也会报之以风雨、冰霜、黑暗和不快，最终他们什么也不会买。相反的，如果你为客户献上阳光、温暖、光明和欢乐，他们也会报之以阳光、温暖、光明和欢乐，你就能获得推销上的成功，赚取无数的金钱。

大学毕业后，李明应聘到一家公司做助理。刚开始，他很难受，特别是老张、小李之类的人动不动就唤他去打杂，这时他就会发无名火，觉得很没尊严。他觉得他们在把他当奴才使唤。不过，事后他冷静一想，又觉得他们并没有错，他的工作就是这些。

刚进来时，王经理也这么事先对他说过，但一旦涉及具体事情，他的情绪就有点儿失控。有时咬牙切齿地干完某事，又要笑容可掬地向有关人员汇报说：“已经做好了！”如此违心的两面派角色，他自己都感到恶心。有几次，他还与同事争吵起来。从此以后，他的日子更不好过了，同事们都不理他，李明在公司感到空前的孤独。

有一天，女秘书小吴不在，王经理便点名叫李明到他办公室去整理一下办公桌，并为他煮一杯咖啡，李明硬着头皮去了。王经理一眼就看出了李明的不满，便一针见血地指出：“你觉得委屈是不是？你有才华，这点我信，但你必须从这个做起。”

他叫李明先坐下来，聊聊近况。可李明身旁没有椅子，他不知道自己该坐在哪里了，总不能与王经理并排在双人沙发上坐下吧！这时，王经理意有所指地说：“心怀不满的人，永远找不到一个舒适的椅子。”难得见到他如此亲切和慈祥的面孔，李明放松了很多。

手脚忙乱地弄好一杯咖啡后，李明开始整理王经理的桌子。其中有一盆黄沙，细细的、柔柔的，泛着阳光般的色泽。李明觉得奇怪，不知道这是干什么用的。

王经理似乎看出他的心思，伸手抓了一把沙，握拳，黄沙从指缝间滑落，很美！王经理神秘地一笑：“小伙子，你以为只有你心情不好、有脾气，其实，我跟你一样，但我已学会控制情绪……”

原来，那一盆沙子是用来“消气”的。那是王经理的一位研究心理学的朋友送的，一旦他想发火时，可以抓抓沙子，它会舒缓一个人紧张激动的情绪。朋友的这盆礼物，已伴他从青年走向中年，也教他从一个鲁莽少年打工仔，成长为一名稳重、老练、理性的管理者。王经理说：“先学会管理自己的情绪，才会管理好其他。”

可以说，情绪是人对事物的一种最浮浅、最直观、最不用脑筋的情感反应。它往往只从维护情感主体的自尊和利益出发，不对事物做复杂、深远和智谋的考虑，这样的结果，常使自己处在很不利的位置上或为他人所利用。本来，情感离智谋就已很远了（人常常以情害事，为情役使，情令智昏），情绪更是情感的最表面、最浮躁部分，以情绪做事，焉有理智？不理智，能有胜算吗？

但是我们在工作、学习、待人接物中，却常常依从情绪的摆布，头脑一发热（情绪上来了），什么蠢事都做得出来。比如，因一句无甚利害的话，我们便可能与人打斗，甚至拼命（诗人莱蒙托夫、普希金与人决斗死亡，便是此类情绪所致）；又如，我们因别人给我们的一点儿假仁假义而心肠顿软，大犯根本性的错误（西楚霸王项羽在鸿门宴上耳软、心软，以致放走死敌刘邦，最终痛失天下，便是这种情绪所致）；还有很多因情绪浮躁、简单、不理智等而犯的过错，大则失国、失天下，小则误人、误己、误事。事后冷静下来，自己也会发现其实可以不必那样。这都是因为情绪的躁动和亢奋，蒙蔽了人的心智。

所以，作为推销员要学会控制自己的情绪，凡事从积极、乐观的角度出发。因为，人生是一种选择，人生是选择的结果，不一样的选择会有不一样的人生。

你选择心情愉快，你得到的也是愉快。你选择心情不愉快，你得到的也是不愉快。我们都愿意快乐，不愿意不快乐。既然这样，我们为什么不选择愉快的心情呢？毕竟，我们无法控制每一件事情，但我们可以选择我们的心情。

7. 不歧视任何人，否则你只能失去大好机会

优秀的推销员知道，永远不要歧视任何人。因为推销员推销的不仅是产品，还包括服务，你拒绝一个人就拒绝了一群人，你的客户群会变得越来越窄。老练的推销人员已经用无数的故事证明了这句箴言再正确不过了。

一天，房地产推销大师汤姆·霍普金斯正在房间里等待客户上门时，杰尔从旁边经过，并进来跟他打声招呼。没有多久，一辆破旧的车子驶进了屋前的车道上，一对年老邋遢的夫妇走向前门。在汤姆热诚地对他们表示欢迎后，汤姆·霍普金斯的眼角余光瞥见了杰尔，他正摇着头，做出明显的表情对汤姆说：“别在他们身上浪

费时间。”

汤姆认为，“对人不礼貌不是我的本性，我依旧热情地招待他们，以我对待其他潜在买主的热情态度对待他们。房子中别无他人，建筑商也已离开，我认为我不可能会冒犯其他人，为什么不领着他们参观房子！”而此时，已经认定汤姆在浪费时间的杰尔，则在恼怒之中离去。

当他带着两位老人参观时，他们以一种敬畏的神态看着这栋房屋内部气派典雅的格局。4 米高的天花板令他们眩晕得喘不过气来，很明显，他们从未走进过这样豪华的宅邸内，而汤姆也很高兴有这个权利，向这对满心赞赏的夫妇展示了这座房屋。

在看完第四间浴室之后，这位先生叹着气对他的妻子说：“想想看，一间有四个浴室的房子！”他接着转过身对汤姆说：“多年以来，我们一直梦想着拥有一栋有好多间浴室的房子。”

那位妻子注视着丈夫，眼眶中溢满了泪水，汤姆注意到她温柔地紧握着丈夫的手。

在他们参观过了这栋房子的每一个角落之后，回到了客厅，“我们夫妇俩是否可以私下谈一下？”那位先生礼貌地向汤姆询问道。

“当然。”汤姆说，然后走进了厨房，好让他们俩独处讨论一下。

5 分钟之后，那位女士走向汤姆：“好了，你现在可以进来了。”

这时，一副苍白的笑容浮现在那位先生脸上。他把手伸进了外套口袋中，从里面取出了一个破损的纸袋。然后他在楼梯上坐下来，开始从纸袋里拿出一沓沓的钞票，在梯级上堆出了一叠整齐的现钞。

“后来我才知道，这位先生在达拉斯一家一流的旅馆餐厅担任服务生领班，多年以来，他们省吃俭用，硬是将小费积攒了下来。”

汤姆说。

在他们离开后不久，杰尔回来了。汤姆向他展示了那张签好的合同，并交给他那个纸袋。而杰尔只向里面瞧了一眼，便昏倒了。

所以，不要对任何人先下判断，老练的推销员应该懂得这一点，不要以貌取人，在推销领域中这点尤为重要。

无独有偶，这里还有一个类似的事例。这个推销员就是因为不以貌取人，才为自己赢得了一个大订单。

一个炎热的下午，有位穿着汗衫，满身汗味的老农夫，伸手推开厚重的汽车展示中心的玻璃门，他一进入，迎面立刻走来一位笑容可掬的汽车推销员，很客气地询问老农："大爷，我能为您做些什么吗？"

老农夫有点儿不好意思地说："不，只是外面天气热，我刚好路过这里，想进来吹吹冷气，马上就走了。"

推销员听完后亲切地说："就是啊，今天实在很热，气象局说有34℃呢，您一定热坏了，让我帮您倒杯冰水吧。"接着便请老农坐在柔软豪华的沙发上休息。

"可是，我们种田人衣服不太干净，怕会弄脏你们的沙发。"

推销员边倒水边笑着说："有什么关系，沙发就是给客人坐的，否则，买它干什么？"

喝完冰凉的茶水，老农闲着没事便走向展示中心内的新货车东瞧瞧、西看看。

这时，推销员又走了过来："大爷，这款车很有力哦，要不要我帮您介绍一下？"

"不要！不要！"老农夫连忙说，"不要误会了，我可没有钱买，种田人也用不到这种车。"

“不买没关系，以后有机会您还是可以帮我们介绍啊。”然后推销员便详细耐心地将货车的性能逐一解说给老农夫听。

听完后，老农夫突然从口袋中拿出一张皱巴巴的白纸，交给这位汽车推销员，并说：“这些是我要订的车型和数量，请你帮我处理一下。”

推销员有点儿诧异地接过来一看，这位老农夫一次要订 12 台货车，连忙紧张地说：“大爷，您一下订这么多车，我们经理不在，我必须找他回来和您谈，同时也要安排您先试车……”

老农夫这时语气平稳地说：“不用找你们经理了，我本来是种田的，后来和人投资了货运生意，需要进一批货车，但我对车子外行，买车简单，最担心的是车子的售后服务及维修，因此我儿子教我用这个笨方法来试探每一家汽车公司。这几天我走了好几家，每当我穿着旧汗衫，进到汽车销售行，同时表明我没有钱买车时，常常会受到冷落，让我有点儿难过……而只有你们公司知道我不是你们的客户，还那么热心地接待我，为我服务，对于一个不是你们客户的人尚且如此，更何况是成为你们的客户……”

抓住每一位客户的心很难，可是，只有你尊重你的每一位客户，不歧视任何人，不以貌取人，你才会有机会抓住尽可能多的客户。这说起来很容易，可是做起来却很难，要不然怎么那么多推销员都掉入了这个陷阱！

事实上，杰出推销员对待非客户的态度总是和对待客户一样的。他们对每一个人都很有礼貌，他们将每个人都看成有影响力的人士，因为他们知道，订单常从出其不意的地方来。他们知道，10 年前做的事情，可能变成现在的生意。

对杰出推销员而言，没有所谓的“小人物”。他不会因为厨房耽误上菜的速度而斥责侍者，不会因飞机误点或航班取消而痛斥前台人员，他对每个人都待之以礼。杰出推销员对推着割草机割草的工人和制造割草机公司的总裁，都是一样尊敬及礼貌。

伟大的推销员原一平的一个客户是电线电缆的推销员，他和一家客户公司高层主管关系很好。他每一次到该公司进行商业拜访时，遇到的第一个人就是该公司的前台小姐，她是一位很有条理和讲效率的年轻女性。她的工作之一就是使每一个约会都能准时进行，虽然她并不是买主，更不是决策者，但是这位推销员对她一直彬彬有礼。

即使因故约会延迟，他也不会像一般推销员一样抱怨不休，只是耐心等待；他也不会搬出他要去拜见的执行副总裁的名字来，以示重要。他总是对前台小姐道谢，感谢她的协助，离开时不忘和她道别。

18 年后，这位前台小姐成为该公司的执行副总裁。在她的影响下，她的公司成为这位电线电缆公司推销员最大的客户。

8. 把客户的抱怨当成一个好机会

客户就是上帝，上帝有对你的抱怨，这也是合理的。

抱怨是每个推销人员都会遇到的，即使你的产品再好，也会受到爱挑剔客户的抱怨。不要粗鲁地对待客户的抱怨，其实这种人正是你永久的买主。

欢迎客户的抱怨是推销过程中处理客户抱怨的基本态度。松下幸之助说：“客户的批评意见应视为神圣的语言，任何批评意见都应乐于接受。”正确处理客户抱怨具有吸引客户的价值。

松下幸之助先生认为：对于客户的抱怨不但不能厌烦，反而要当成一个好机会。他曾经告诫部属：“客户肯上门来投诉，其实对企业来说实在是一次难得的纠正自身失误的好机会。有许多客户在买了次品或碰到不良服务时，因怕麻烦或其他原因而不来投诉，但却产生了对企业的坏印象，在他与其他消费者交谈时，就有可能给企业带来了坏名声。

“因此，对有抱怨的客户一定要以礼相待，耐心听取对方的意见，并尽量使他们满意而归。即使碰到爱挑剔的客户，也要婉转忍让，至少要在心理上给这样的客户一种如愿以偿的感觉。如有可能，推销人员可以尽量在减少损失的前提下满足他们提出的一些要求。假若能使鸡蛋里面挑骨头的客户也满意而归，那么你将受益无穷，因为我相信他们中有人会给你做义务宣传员和义务推销人员。”

松下幸之助还结合自己的亲身经历讲到这样一件事：

有位东京大学的教授寄信给他，说该校电子研究所购买的松下公司产品出现使用故障。接到投诉信的当天，松下幸之助立即让生产这件产品的部门最高负责人去学校了解情况。经过厂方耐心地讲解与妥善地处理，研究人员怒气顿消，而且对方进一步为松下公司推荐其他用户和订货单位。

要知道，推销不是一锤子买卖，而是要和客户建立长期关系。企业与客户建立长期的业务关系，在企业景气时，会把企业的成功推向高潮；在企业不景气时，则会维持企业的生存。而要建立长期的业务关系，企业和推销人员就要从维护客户的利益出发，向客户推销服务。

一次，A 先生乘新加坡航空公司的飞机从新加坡飞往台北，机组人员的服务一如既往地令人满意。

这时，一位空姐建议他看看机上的购物目录。如果不是她的鼓动，A 先生也许什么也不会买。他买了一条皮带，却发现它太长了。于是这位空姐用她自己的小剪刀替 A 先生将皮带剪短。接下来又出了问题，A 先生扣不上皮带扣，于是她又帮助 A 先生扣上。

这并不是她的义务，但她做得非常仔细、非常热情。更令他吃惊的是，当她发现 A 先生是他们公司的常客时，主动为他打了“会员”的折扣。这使他还想再买些东西，于是他又买了一瓶威士忌作为礼物送给在台湾的合作伙伴。

随威士忌还附送一个计算器，可是上面有些刮痕，A 先生便问空姐是否可以去供货商那儿换一个，她立刻回答说可以。几分钟后，她拿来了一个新的计算器，并对 A 先生说，要退给供货商再换一个会给 A 先生带来很大的不便，于是她拿了一个新的计算器，并说道：“我们去换更容易些，虽然要填一些单子。”A 先生非常满意，心情愉快极了。A 先生决定将继续乘坐这家航空公司的飞机，并将自己的美好经历告诉其他人。

仅仅使客户感到高兴还不够。推销人员和他们的团队必须超越义务的界限，将美好的经历带给客户。推销中的新挑战不在于你能获得多少客户，而在于你能保留和扩展多少客户。当你的竞争对手失去客户和信誉时，你就会得到更多忠诚的客户和推荐。当这一天到来时，你的感觉如何？

设想一下，所有那些对他们的推销商感到失望的客户都转而成了你的潜在客户，你的小客户和偶然客户都成了大客户和长期客户，你的生意将因此而迅速扩大，你还会想在老客户纷纷弃你而去的情况下，一家家去寻找新的客户吗？

那么，推销员应该如何应对客户的抱怨，并且解决客户的抱怨呢？

1. 重视客户的自尊心及优越感，以认同的态度说话。

一般而言，客户抱怨的最主要原因是他们的自尊心受到了某种伤害。况且，身为客户，往往会有种优越感，他们会觉得：

“我是客人。”

“我是来向你消费的。”

在这种情况下，如果推销员无视客人的优越感，甚至背道而驰，很可能就会点燃客人的满腔怒火。相反，如果能够重视客户的自尊心及优越感，以认同的态度说话，客人便会明显地感到满足，进而对你和你所代表的企业产生好感，从而成为你永久的客户。

比如，你可以这样说：

“对于我们没有注意到的地方，您真是观察入微，谢谢您的细心提醒。”

“谢谢您的指教，我们会立刻查明原因，并作为下次改进的目标。”

“我们会根据您的意见尽快改进，非常谢谢您的指教。”

客户肯定会对这样的回答乐不可支，因为他的自尊心及优越感都因你的这番话而得到了满足。这就是对待客户抱怨的肯定用语，也是重要的待客之道，这一点一定要好好运用。

2. 采用肯定的说法，避免否定客户。

把“同志，是您自己弄错了”这样的否定句转换成“真不好意思，您可以好好阅读一下使用说明。很抱歉，我的说明不够清楚，但是请您依照说明书上的方式来使用”。这样的说法既能顾及客户的面子，又能清楚地告诉客户他错误的地方。

同样一件事，有些说法令人生气，有些则令人觉得高兴、愉悦，其中的不同之处就在于是采用否定说法还是采用肯定说法，因此在处理客户抱怨的时候我们不妨试着运用一些肯定说法。

9. 要成功，首先你得不畏惧失败

失败离成功很近，不要害怕失败，要努力挖掘成功潜力。从失败中得到的教训，是最宝贵的资源。

美国推销员协会曾经做过一次调查研究，结果发现：80% 销售成功的个案，是推销员连续 5 次以上的拜访达成的。这证明了推销员不断地挑战失败是推销成功的先决条件。48% 的推销员经常在第 1 次拜访之后，便放弃了继续推销的意志；25% 的推销员，拜访了 2 次之后，也打退堂鼓了；12% 的推销员，拜访了 3 次之后，也退却了；5% 的推销员，在拜访过 4 次之后放弃了；仅有 1% 的推销员锲而不舍，一而再、再而三地继续登门拜访，结果他们的业绩占了全部销售的 80%。

推销员所要面对的拒绝是经常性的，这需要每一位从业人员拥有积极的心态和正确面对失败的观念。这是因为，一个人的心理会对他的行为产生微妙的作用，当你有负面的心态时，你所表现出来的行为多半也是负面与消极的。如果你真的想将推销工作当作你的事业，首先必须拥有正面的心态。因此，不要再用“我办不到”这句话来作为你的借口，而要开始付诸行动，告诉自己“我办得到”。

只要你在从事推销工作，无论时间长短、经验多少，失败都是不可避免的。但是，同样是经历风雨，有的人可以获得最后的成功，有的人却一事无成。因为，问题不在于失败，而在于对失败的态度。有些业务人员失败一次，就觉得是自己无能的象征，把失败记录看成是自己能力低下的证明。这种态度才是真正的失败。

如果害怕失败而不敢有所动作，那就是在一开始就放弃了任何成功的可能。当你面对失败的时候，记住：勇敢的战士是屡败屡战，只有注定一生无成的人，才会屡战屡败。

在沙漠里，有 5 只骆驼吃力地行走，它们与主人带领的 10 只骆驼走散了，前面除了黄沙还是黄沙，一片茫茫，它们只能凭着最有经验的那只老骆驼的感觉往前走。

不一会儿，从它们的右侧方向走出一只筋疲力尽的骆驼。原来它是一周前就走散的另一只骆驼。另外几只骆驼轻蔑地说："看样子它也不是很精明啊，还不如我们呢！"

"是啊，是啊，别理它！免得拖累咱们！"

"咱们就装着没看见，它对我们可没有什么帮助！"

"看那灰头土脸的样子……"

这几只骆驼你一言我一语，都想避开路遇的这只骆驼。老骆驼终于开腔了："它对我们会很有帮助的！"

老骆驼热情地招呼那只落魄的骆驼过来，对它说道："虽然你也迷路了，境遇比我们好不到哪里去，但是我相信你知道往哪个方向是错误的。这就足够了，和我们一起上路吧！有你的帮助我们会成功的！"

我们当然可以嘲笑别人的失败，但如果我们能从别人的失误中提供机遇，从别人的失败中学习经验，那最好不过了。把别人的失败当成对自己的大声忠告，这非常有利于自己的成长。

更何况，遭遇拒绝、遭遇失败是人之常情，世上并没有常胜不败的将军。遭遇拒绝、遭遇失败的原因无非是自己还有缺陷，谁不希望得到完美的东西，而会去企求有缺陷的东西呢？

当然世上也不可能有毫无缺陷的东西，但是我们应尽量地完善自己，把自己完善到足以让人接受、使人认同的程度。这样，即使遇到困难也能克服，遇到关卡也能越过，也就不至于在遇到挫折时使自己陷入困境不能自拔了。

因此，要想让别人接受你、赞许你，要想成功，你就不能害怕困难和挫折，不能害怕别人的拒绝。相反，你要把拒绝当作你的励志之石，当成你不断完善、走向成功的动力。

高尔文是个身强力壮的爱尔兰农家子弟，充满进取精神。13岁时，他见到别的孩子在火车站月台上卖爆玉米花赚钱，也一头闯了进去。但是，他不懂得，早占住地盘的孩子们并不欢迎有人来竞争。

为了帮他懂得这个道理，他们无情地抢走了他的爆玉米花，并把它们全部倒在街上。第一次世界大战以后，高尔文从部队复员回家，他又雄心勃勃地在威斯康星办起了一家公司。可是无论他怎么卖劲折腾，产品始终打不开销路。有一天，高尔文离开厂房去吃午餐，回来只见大门被上了锁，公司被查封，高尔文甚至不能够进去取出他挂在衣架上的大衣。高尔文并没有气馁，积极寻找着下一次机会。

1926 年他又跟人合伙做起收音机生意来。当时，全美国估计有 3000 台收音机，预计两年后将会扩大 100 倍。但这些收音机都是用电池作能源的。于是他们想发明一种灯丝电源整流器来代替电池。这个想法本身不错，但产品却仍打不开销路。

眼看生意一天天走下坡路，他们似乎又要停业关门了。高尔文通过邮购销售的办法招徕了大批客户。他手里一有了钱，就办起专门制造整流器和交流电真空管收音机的公司。可是不到 3 年，高尔文又破了产。此时他已陷入绝境，只剩下最后一个挣扎的机会了。当时他一心想把收音机装到汽车上，但有许多技术上的困难有待克服。

到 1930 年底，他的制造厂的账面上竟欠了 374 万美元。在一个周末的晚上，他回到家中，妻子正等着他拿钱来买食物、交房租，可他摸遍全身只有 24 美元，而且全是赊来的。

然而，经过多年的不懈奋斗，如今的高尔文早已腰缠万贯，他盖起的豪宅就是用他的第一部汽车收音机的牌子命名的。

可以说，在困难面前没有失败就没有成功，失败是成功之母！只遭遇一次失败就失去信念，就不去挑战困难，实际上就等于放弃了人生成功的机会，殊不知机会就隐藏在失败背后。你战胜的困难越多，你人生成功的机会也就越多。这就如同淘金一样，淘掉的沙子越多，得到的金子也就越多。沙子的多少与金子的多少是成正比的，失败与成功的关系就如同沙子与金子的关系。

作为推销员，要成功，首先你不要畏惧困难，不要让困难把你的心态摧垮。其次，要成功还得正视困难、研究困难，从战胜困难中总结经验教训，通过困难磨炼自己的意志品格，练就一身战胜困难的本领。

第八章

Chapter 8

聊出产品的卖点，满足客户的需求

1. 做产品专家，为完美推销做准备

有人曾经说过，如果可口可乐公司遍及世界各地的工厂在一夜之间被大火烧光，那么第二天的头条新闻将是“各国银行巨头争先恐后地向这家公司贷款”，这是因为，人们相信可口可乐不会轻易放弃“世界第一饮料”的形象和声誉。这家公司在红色背景前简简单单写上 8 个英文字母“Coca Cola”的鲜明生动的标记，通过公司宣传推销工作的长期努力已经得到了全世界消费者的认可，它们的形象早已深入各界人士的脑海里，一旦具备了相应的购买条件，他们寻找的饮料必是可口可乐无疑。

对于任何工商企业的推销员而言，确立塑造形象的意识是筹划一切推销活动的前提与基础。只有明确认识良好的形象是一种无形的财富和取用不尽的资源，是企业和产品跻身市场的“护身符”，才能卓有成效地开展各种类型的宣传推广活动。

在我们身边就有活生生的例子：

有位儿童用品推销员介绍了他采用产品接近法推销一种新型铝制轻便婴儿车的前后经过，非常有趣：

我走进一家商场的营业部，发现这是在我所见过百货商店里最大的一个营业部，经营规模可观，各类童车一应俱全。我在一本工商业名录里找到商场负责人的名字，当我向女店员打听负责人工作地点时，进一步核实了他的尊姓大名，女店员说他在后面办公室里，于是我来到那间小小的办公室，刚进去，他就问：“喂，有何贵干？”

我不动声色地把轻便婴儿车递给他。他又说：“什么价钱？”我

就把一份内容详细的价目表放在他的面前，他说："送 60 辆来，全要蓝色的。"我问他："您不想听听产品介绍吗？"他回答说："这件产品和价目表已经告诉我所需要了解的全部情况，这正是我所喜欢的购买方式。请随时再来，和您做生意，实在痛快！"

只有让产品先接近客户，让产品作无声的介绍，让产品默默在推销自己，这是产品接近法的最大优点。例如，服装和珠宝饰物推销员可以一言不发地把产品送到客户的手中，客户自然会看看货物，一旦客户发生兴趣，开口讲话，接近的目的便达到了。

而在推销的过程中，客户最希望推销人员能够提供有关产品的全套知识与信息，让客户完全了解产品的特征与效用。倘若推销人员一问三不知，就很难在客户中建立信任感。因此，推销员在出门前，要先充实自己，多阅读资料，并参考相关信息。

1. 做一位产品专家，才能赢得客户的信任。

假设您所推销的是汽车，您不能只说这个型号的汽车可真是好货，您还最好能在客户问起时说出：这种汽车发动机的优势在哪里，这种汽车的油耗情况和这种汽车的维修、保养费用，以及和同类车比它的优势是什么等。

2. 多了解产品知识很有必要，产品知识是建立热忱的两大因素之一。

若想成为杰出的推销高手，工作热忱是不可或缺的条件。很多成功的推销员告诉我们：一定要熟知你所推销的产品的知识，才能对你自己的推销工作产生真切的工作热忱。能用一大堆事实证明做后盾，是一名推销人员成功的信号。

要激发高度的推销热情，你一定要变成自己产品忠诚的拥护者。如果您用过产品并满意的话，自然会有高度的推销热情，不相信自己的产品而推销的人，只会给人一种隔靴搔痒的感受，想打动客户的心就很难了。

我们需要产品知识来增加勇气。许多刚出道不久的推销人员，甚至已有多年经验的业务代表，都会担心客户提出他们不能回答的问题。对产品知识知道得越多，工作时底气越足。

3. 产品知识会使我们更专业。

产品知识会使我们在与专家对谈的时候能更有信心。尤其在我们与采购人员、工程师、会计师及其他专业人员谈生意的时候，更能证明充分了解产品知识的必要。可口可乐公司曾询问过几个较大的客户，请他们列出优秀推销人员最杰出的素质。得到的最多回答是:“具有完备的产品知识。”

你对产品懂得越多，就越会明白产品对使用者来说有什么好处，也就越能用有效的方式为客户作说明。

4. 产品知识可以增加你的竞争力。

假如你不把产品的种种好处陈述给客户听，你如何能激发起客户的购买欲望呢？了解产品越多，就越能无所惧怕。产品知识能让你更容易赢得客户的信任。

2. 你都对自己产品没信心，客户怎么信任你

如何向客户介绍你的产品？

不同的推销方法会产生不同的效果。向客户进行产品示范，找到产品的特性，和其他产品做一下对比，适时运用产品介绍技巧，都让你的产品成为你的忠实伙伴。

一个卖苹果的人，他把苹果定为每斤 5 元。下班的时候到了，他大声吆喝：“5 元 1 斤，便宜了。”他的吆喝吸引来一些低收入客户。这个卖苹果的回家后仔细琢磨，到底什么原因使更多的客户宁愿去超市购买高价苹果呢？而且超市的苹果和自己的品种一模一样，为什么苹果价越低越不好卖呢？终于他明白了。

第二天，他把苹果分为两车，一车苹果仍然卖每斤 5 元，而和这一车一样的另一车苹果标价为每斤 10 元。果不出所料，卖得比前几天分外好，而且还赚钱。

回去后，一些果农问他为什么这样卖会更快、更赚钱，憨厚的他只是笑，吩咐别的果农照办就是了，他也不知道恰当的解释。

这个小故事道理其实很简单，果农只不过运用对比缔结成交法，准确地抓住了客户的购买心理。这种办法适合任何推销，而且简单易行。

说起对比，一般人都能理解。其实，在推销产品时，很多推销员都曾运用过。比如一个寿险推销员去一家农户推销寿险，而该农户说他们已经买了保险，并且告诉你是财产险。你接下来会怎样开始推销自己的寿险呢？很简单，你把两种险做对比，找出财产险没有涉及的而寿险有的益处，进而让客户感到原来寿险比财产险更有利于人身和财产的安全。

在现代社会里，有种观念已经腐蚀着人的思想，这便是经常说的“好货不便宜，便宜没好货”。有的大超市抓住客户心理，把两件明明一样的衣服分为两个价，比如一件是 500 元，一件是 800 元。这样有的客户觉得 800 元的料子一定比 500 元的好，所以就宁愿用高价买下 800 元的这件；而有些客户生活水平不高，想模仿高收入的人，所以虚荣心驱动着他买下 500 元的这件，还回去宣扬一番，说自己买了件800元的衣服。可笑的是，两件衣服质地、加工都一样，这就是客户买东西的两种心理。

在现实生活中，多去比较自己的产品和同类的产品，如此才能吸引更多的客户购买。当然，你要让客户购买你所推销的产品，首先你应该对自己的产品充满信心，否则就不能发现产品的优点，在推销时就不能理直气壮；而当客户对这些产品提出意见时就不能找出充分的理由说服客户，也就很难打动客户的心。这样一来，整个推销活动难免就成为一句空话了。

如何对你的产品有信心？我们有以下几种有效的方法：

1. 要熟悉和喜欢你所推销的产品。

如果你对所推销的产品并不十分熟悉，只了解一些表面的浅显的情况，缺乏深入的、广泛的了解，就会影响到你对推销本企业产品的信心。在推销活动中，客户多提几个问题，就把你“问”住了，许多客户往往因为得不到满意的回答而打消了购买的念头，结果因对产品解释不清或宣传不力而影响了推销业绩。更严重的问题是，时间一长，不少推销人员会有意无意地把影响业绩的原因归罪于产品本身，从而对所推销的产品渐渐失去信心。

心理学认为：人在自我知觉时，有一种无意识的自我防御机制，会处处为自己辩解。因此，为消除自我意识在日常推销中的负面影响，对本企业产品建立起充分的信心，推销人员应充分了解产品的情况，掌握关于产品的丰富知识。只有当你全面地掌握了所推销产品的情况和知识，才能对说服客户更有把握，增强自信心。

在熟知产品情况的基础上，你还需喜爱自己所推销的产品。喜爱是一种积极的心理倾向和态度倾向，能够激发人的热情，产生积极的行动，有利于增强人们对所喜爱事物的信心。推销人员要喜爱本企业的产品，就应逐步培养对本企业产品的兴趣。

推销人员不可能一下子对企业的产品感兴趣，因为兴趣不是与生俱来的，是后天培养起来的，但作为一种职业要求和实现推销目标的需要，推销人员应当自觉地、有意识地逐步培养自己对本企业产品的兴趣，力求对所推销的产品做到喜爱和相信。

2. 要关注客户需求，推动产品的改进。

任何企业的产品都处在一个需要不断改进和更新的过程之中。因此，推销人员所相信的产品，也应该是一种不断完善和发展的产品。

产品改进的动力来自于市场和客户，推销人员是距离市场和客户最近的人，他们可以把客户意见以及市场竞争的形势及时反馈给生产部门，还可将客户要求进行综合归纳后，形成产品改进的建设性方案提交给企业领导。

这样，改进后或新推出的产品不仅更加优良、先进和适应市场需要，而且凝结着推销人员的劳动和智慧，他们就能更加充满信心地去推销这些产品。

3. 还要相信自己所推销的产品的价格具有竞争力。

由于客户在心理上总认为推销人员会故意要高价，因而总会说价格太高，希望推销人员降价出售。这时，推销人员必须坚信自己的产品价格的合理性。虽然自己的要价中包含着准备在讨价还价中让给客户的部分，但也绝不能轻易让价；否则，会给人留下随意定价的印象。

尤其当客户用其他同类产品的较低的价格做比较来要求降价时，推销人员必须坚定信念，坚持一分钱一分货，只有这样，才有说服客户购买的信心和勇气。当然，相信自己推销的产品，前提是对该产品有充分的了解，既要了解产品的质量，又要了解产品的成本。对于那些质量值得怀疑，或者那些自己也认为对方不需要的产品，不要向客户推销。

3. 与客户思维保持同步，以吸引客户注意

一位心理学大师曾说，人们往往错误地以为我们生活的四周是透明的玻璃，我们能看清外面的世界。事实上，我们每个人的周围都是一面巨大的镜子，镜子反射着我们生命的内在历程、价值观、自我的需要。

心理学研究发现：人们在日常生活中常常不自觉地把自己的心理特征归属到别人身上，认为别人也具有同样的特征，如：自己喜欢说谎，就认为别人也总是在骗自己；自己自我感觉良好，就认为别人也都认为自己很出色……心理学家们称这种心理现象为“投射效应”。

“投射效应”对推销最重要的一条启示是：保持与客户思维的同步，只有你的想法、你的行动与客户的想法相一致，才能让客户更容易接受你。

事实上，人与人之间亲和力的建立是有一定技巧的。我们并不需要与他认识 1 个月、2 个月、1 年或更长的时间才能建立亲和力。如果方法正确了，你可以在 5 分钟、10 分钟之内，就与他人建立很强的亲和力。

所以，优秀的推销员对不同的客户会用不同的说话方式，对方说话速度快，就跟他一样快；对方说话声调高，就和他一样；对方讲话时常停顿，就和他一样也时常停顿，这样才不会出现“各说各话”的尴尬情景。因为能做到这一点，所以优秀的推销员很容易和

客户之间形成极强的亲和力，对各种客户应付自如。

除了思想上要与客户保持同步以外，还要吸引客户的注意力。这对推销成功也是至关重要的。

有一个推销安全玻璃的推销员，他的业绩一直都维持北美整个区域的第一名。

在一次顶尖推销员的颁奖大会上，有人问他，“你有什么独特的方法来让你的业绩维持顶尖呢？”他说；“每当我去拜访一个客户的时候，我的皮箱里面总是放了许多截成 15 厘米见方的安全玻璃，我随身也带着一个铁锤子，每当我到客户那里后我会问他：‘你相不相信安全玻璃？

“当客户说不相信的时候，我就把玻璃放在他们面前，拿锤子往桌上一敲，而每当这时候，许多客户都会因此而吓一跳，同时他们会发现玻璃真的没有碎裂开来。然后客户就会说：‘天哪，真不敢相信。’这时候我就问他们：‘你想买多少？’直接进行缔结成交的步骤，而整个过程花费的时间还不到一分钟。”

当他讲完这个故事不久，几乎所有销售安全玻璃的公司的推销员出去拜访客户的时候，都会随身携带安全玻璃样品以及一个小锤子。

但经过一段时间，他们发现这个推销员的业绩仍然维持第一名，他们觉得很奇怪。而在另一个颁奖大会上，有人又问他：“我们现在也已经做了同你一样的事情了，那么为什么你的业绩仍然能维持第一呢？”

他笑一笑说：“我的秘诀很简单，我早就知道当我上次说完这个点子之后，你们会很快地模仿，所以自那时以后我到客户那里，唯一所做的事情是我把玻璃放在他们的桌上，问他们：‘你相信安全玻璃吗？’当他们说不相信的时候，我把玻璃放到他们的面前，把锤子交给他们，让他们自己来砸这块玻璃。”

4. 重视机会，把劣势变优势

实业界巨子华诺密克参加了在芝加哥举行的美国商品展览会，很不幸的是，他被分配到一个极偏僻的角落，任何人都能看出，这个地方是很少会有游客来的。因此，替他设计摊位的装饰工程师萨孟逊劝他索性放弃这个摊位，等明年再参加。

你猜华诺密克怎样回答？他说：“萨孟逊先生，你认为机会是它来找你，还是由你自己去创造呢？”

萨孟逊先生回答：“当然是由自己去创造的，任何机会都不会从天而降！”

华诺密克愉快地说：“现在，摆在我们面前的难题，就是促使我们创造机会的动力。萨孟逊先生，多谢你这样关心我，但我希望你把关心我的热情用到设计工作上去，为我设计一个漂亮而又富有东方色彩的摊位！”

萨孟逊先生果然不负所托，为他设计了一个古阿拉伯宫殿式的摊位，摊位前面的大路，变成了一个人工形成的大沙漠，人们走到这个摊位时仿佛置身阿拉伯一样。

华诺密克对这个设计很满意。他吩咐总务主任令最近雇用的那245个男女职员，全部穿上阿拉伯国家的服饰，特别是女职员，都要用黑纱将面孔下截遮住，只露出两只眼睛。并且特地派人去阿拉伯买了6只双峰骆驼来做运输货物之用。

他还派人做了一大批气球，准备在展览会内使用。但这一切都是秘密进行的，在展览会开幕之前不许任何人宣扬出去！

对于华诺密克这个阿拉伯式的摊位设计，已引起参加展览会的商人们的兴趣，不少报纸和电台的记者都争先报道这个新奇的摊位。这些报道，更引起很多市民的注意。等到开幕那天，人们早已怀着好奇心准备参观华诺密克那个阿拉伯式的摊位了。

突然，展览地内飞起了无数色彩缤纷的气球，这些气球都是经过特殊设计的，在升空不久，便自动爆破，变成一片片胶片撒下来，胶片上面印着一行很漂亮的小字："亲爱的女士和先生，当你们看到这小小的胶片时，你们的好运气就开始了，我们衷心祝贺你。请你们拿着胶片到华诺密克的阿拉伯式摊位去，换取一件阿拉伯式的纪念品，谢谢你！"

这个消息马上传开了。人们纷纷挤到华诺密克的摊位去，反而忘却了那些开设在大路边的摊位。

第二天，芝加哥城里又升起了不少华诺密克的气球，引起很多市民的注意。

45 天后，展览会结束了。华诺密克先生做成了 2000 多宗生意，其中有 500 多宗是超过 100 万美元的大交易，而他的摊位，也是全展览会中游客最多的摊位。

面对劣势，只要用心思考，巧做安排，让你的客户为你守候到底，这才是推销的境界。所以说，很多时候劣势的情况也并不是坏事，有时也有利于你的推销，开动脑筋，变劣势为优势，吸引你的客户守候到底。

有一个推销员，他以能够推销出任何商品而出名。他已经卖给过牙医一支牙刷，卖给过面包师一个面包，卖给过瞎子一台电视机。但他的朋友对他说："只有卖给驼鹿一个防毒面具，你才算是一个优秀的推销员。"

于是，这位推销员不远千里来到北方，那里是一片只有驼鹿居住的森林。"您好！"他对遇到的第一只驼鹿说，您一定需要一个防毒面具。

"这里的空气这样清新，我要它干什么！"驼鹿说。

"现在每个人都有一个防毒面具。"

"真遗憾，可我并不需要。"

"您稍候，"推销员说，"您已经需要一个了。"接着他便开始在驼鹿居住的林地中央建造一座工厂。"你真是发疯了！"他有朋友说。"不，我只是想卖给驼鹿一个防毒面具。"

当工厂建成后，许多有毒的废气从大烟囱中滚滚而出，过了不久，驼鹿就来到推销员处对他说："现在我需要一个防毒面具了。"

"这正是我想的。"推销员说着便卖给了驼鹿一个。"真是个好东西啊！"推销员兴奋地说。

驼鹿说："别的驼鹿现在也需要防毒面具，你还有吗？"

"你真走运，我还有成千上万个。""可是你的工厂里生产什么呢？"驼鹿好奇地问。

"防毒面具。"推销员兴奋而又简洁地回答。

从这个事例，我们可以看出：绝大多数时候，产品不是靠市场检验出来的，而是他自己推出来的。这个推销员面对没有需求市场的劣势——空气清新，骆驼不需要防毒面具，毅然选择自己创造机会——建造工厂。最后，把不利条件变为有利条件，为自己创造了良好的市场。

而需求本就是人因生理、心理处于某种缺乏状态而形成的一种心理倾向。需求有时候是制造出来的，解决矛盾的高手往往也先制造出矛盾来。优秀的推销员明白：需求是可以创造出来的，推销员想把商品推销出去，所需要做的第一件事就是唤起客户对这种商品的需求。

有一年情人节的前几天，一位推销员去一客户家推销化妆品，这位推销员当时并没有意识到再过两天就是情人节。男主人出来接待他，推销员劝男主人给夫人买套化妆品，他似乎对此挺感兴趣，但就是不说买，也不说不买。

推销员鼓动了好几次，那人才说：“我太太不在家。”

这可是一个不太妙的信号，再说下去可能就要黄了。忽然推销员无意中看见不远处街道拐角的鲜花店，门口有一招牌上写着：“送给情人的礼物——红玫瑰。”这位推销员灵机一动，说道：“先生，情人节马上就要到了，不知您是否已经给您太太买了礼物。我想，如果您送一套化妆品给您太太，她一定会非常高兴。”这位先生眼睛一亮。推销员抓住时机又说：“每位先生都希望自己的太太是最漂亮的，我想您也不例外。”

于是，一套很贵的化妆品就推销出去了。后来这位推销员如法炮制，成功推销出数套化妆品。

5. 一次产品示范胜过一千句话

艺术的语言配以形象的表演，常常会给你带来意想不到的惊人效果。

百闻不如一见。在推销事业中也是一样，实证比巧言更具有说服力，所以我们常看见有的餐厅前设置着菜肴的展示橱窗；服饰的销售方面，则衣裙洋装等也务必穿在人体模型身上；建筑公司也都陈列着样品屋；正在别墅区建房子的公司，为了达到促销的目标，常招待大家到现场参观。

口说无凭，如果放弃任何推销用具（说明书、样品、示范用具等），当然成功的希望几乎为零。

你在推销产品过程中，仅仅向客户介绍产品的外观形态是不够的，还应该向客户示范怎样使用产品，产品有哪些实际功能和特点。在条件允许的情况下，可以让客户亲自做示范，这样要比推销人员单独做示范更能引起客户的兴趣。

有一位陈先生，曾在一家汽车修理厂工作，同时也是一位极活跃的推销人员，不管新车或旧车，总是自己开着去拜访想买的客户。

“这部车子，我正要将它送到买主那里，张先生，您也可以顺便看一看如何？我想把它有缺点的地方修理好了再送去，只要你张先生这样有经验的人说一声‘好’，我就可以更放心了。”

一边说着就一边和张先生一起驾驶这辆车子，开了一两公里路，征求客户的意见：“张先生，怎么样？您有没有什么指教？”

“有的！我觉得方向盘好像松了一点儿。”“好！您真是高明！我也注意到这个部分有问题，还有没有其他意见？”

“引擎很不错，离合器也很好。”

“好！好！您的确是很有经验，佩服！佩服！”

“陈先生，这辆车子要卖多少，我不是想买，问问价钱，我只是打听打听行情。”

“这样的车子，您一定晓得值多少，您出多少钱？”

假定这时生意还是没谈成的话，可以一边试车一边再商量，最后必可做成这笔生意，尤其是推销旧车子，有可能增加成交的几率。这是因为，这样的推销不仅仅增加了客户的参与感，更向客户进行了别具一格的产品示范。

而产品示范通过产品本身更生动、形象地刺激了客户的感觉器官，制造了一个真实有效的推销情景。这比简单的描述更令人印象深刻，极大地提升了客户的认同感，引起了客户的购买欲。

不妨看下面几个事例：

几年来，一家大型电器公司一直在向一所中学推销他们用于教室黑板的照明设备。联系过无数次，说过无数好话，都无结果。一位推销员想出了一个主意。

他抓住学校老师集中开会的机会，拿了根细钢棍站到讲台上，两手各持钢棍的一端，说："女士们，先生们，我只耽搁大家一分钟。你们看，我用力折这根钢棍，它就弯曲了。但松一松劲，它就弹回去了。但是，如果我用的力超过了钢棍的最大承受力，它再也不会自己变直的。孩子们的眼睛就像这钢棍，假如视力遭到的损害超过了眼睛所能承受的最大限度，视力就再也无法恢复，那将是花多少钱也无法弥补的。"结果，学校当场就决定，购买这家电器公司的照明设备。

有一次，一位牙刷推销员曾向一位羊毛衫批发商演示一种新式牙刷。牙刷推销员把新旧牙刷展示给客户的同时，给了他一个放大镜。牙刷推销员会说："用放大镜看看，您就会发现两种牙刷的不同。"羊毛衫批发商学会了这一招。没多久，那些靠低档货和他竞争的同行被他远远抛在后面。从那以后他永远都带着放大镜。

纽约有一家服装店的老板在商店的橱窗里装了一部放映机，向行人放一部广告片。片中，一个衣衫褴褛的人找工作时处处碰壁，第二位找工作的西装笔挺，很容易就找到了工作。结尾显出一行字：好的衣着就是好的投资。这一招使他的销售额猛增。

有人做过一项调查，结果显示：假如能对视觉和听觉做同时诉求，其效果比仅只对听觉的诉求要大 8 倍。推销人员使用示范，就是用动作来取代言语，能使整个推销过程更生动，使整个推销工作变得更容易。

优秀的推销员明白，任何产品都可以拿来做示范。而且，在 5 分钟所能表演的内容，比在 10 分钟内所能说明的内容还多。无论推销的是债券、保险或教育，任何产品都有一套示范的方法。他们把示范当成真正的推销工具。

示范为什么会具有这么好的效果呢？因为客户喜欢看表演，并希望亲眼看到事情是怎么发生的。示范除了会引起大家的兴趣之外，还可以使你在推销的时候更具说服力。因为客户既然亲眼看到，所谓“眼见为实”，脑子里也就会对你所推销的产品深信不疑。

平庸的推销员常常以为他的产品是无形的，所以就不能拿什么东西来示范。其实，无形的产品也能示范，虽然比有形产品要困难一些。对无形产品，你可以采用影片、挂图、图表、相片等视觉辅助用具，至少这些工具可以使业务人员在介绍产品的时候不显得过于单调。

所以，好产品不但要辩论，还需要示范，一个简单的示范胜过千言万语，其效果可让你在一分钟内做出别人一周才能达成的业绩。

6. 给客户一个购买你产品的理由

没有人会买一个对自己来说没有用的东西，他们之所以购买你的产品，肯定有购买的理由。推销人员必须让你的客户明白你所推销的产品会带给他什么用途，即你必须明确地告诉客户：购买产品的理由。

推销活动是买卖双方均得利的公平交易活动，要想达成交易，就得使双方都满意，如有一方受到损失，这项交易肯定不能成功。推销人员从交易中得到的好处是谁都明白的，那么你应该让客户知道他通过购买你的产品能得到什么利益。

你必须承认，我们人类天生有懒惰的本性，所以客户不会主动思考你的产品会给他带来什么好处。他要求你向他讲出，而且，这就是考验你的时候，哪个推销人员打动了他的心，他就会买哪个推销人员的产品。

首先，推销员想要客户购买自己的产品，就必须巧妙地亮出自己的底牌，直接展示自己的产品特征。

曾经有一位动物学家发现，狼攻击对手时，对手若是腹部朝天，表示投降，狼就停止攻击。为了证实这一点，这位科学家躺到狼面前，手脚伸展，袒露腹部。果然，狼只是闻了他几下就走开了。这位科学家没有被咬死，但“差点儿被吓死”。

秦朝末年，谋士陈平有一次坐船过河，船夫见他白净高大，衣着光鲜，便不怀好意地瞄着他。陈平见状，就把上衣脱下，光着膀子去帮船夫摇橹。船夫看到他身上没什么财物，就打消了恶念。

袒露不易，之所以不易，一方面是因为需要极大的勇气和超绝的智慧，另一方面是因为要找准对象。如果对一条狗或一个傻船夫玩袒露的把戏，后果还用说吗？

日常推销工作中，常常可能遇到一些固执的客户，这些人脾气古怪而执拗，对什么都听不进去，始终坚持自己的主张。面对这种执迷不悟的情况，推销员千万不要丧失信心，草草收兵，只要仍存一丝希望，就要做出最后的努力。一般来说，这种最后的努力还是开诚布公的好，索性把牌摊开来打。这种以诚相待的推销手法能够修补已经破裂的成交气氛，当面摊牌则可能使客户重新产生兴趣。

有位推销员很善于揣摩客户的心理活动，一次上门访问，他碰到一位平日十分苛刻的商人，按照常规对方会把自己拒之门外的。这位推销员灵机一动，仔细分析了双方的具体情况，想出一条推销妙计，然后登门求见那位客户。

双方一见面，还没等坐定，推销员便很有礼貌地说："我早知道您是个很有主见的人，对我今天上门拜访您肯定会提出不少异议，我很想听听您的高见。"他一边说着，一边把事先准备好的 18 张纸卡摊在客户的面前："请随便抽一张吧！"对方从推销员手中随意抽出一张纸片，见卡片上写的正是客户对推销产品所提的异议。

当客户把 18 张写有客户异议的卡片逐个读完之后，推销员接着说道："请您再把卡片纸反过来读一遍，原来每张纸片的背后都标明了推销员对每条异议的辩解理由。"客户一言未发，认真看完了纸片上的每行字，最后忍不住露出了平时少见的微笑。面对这位办事认真又经验老练的推销员，客户开口了："我认了，请开个价吧！"

摊开底牌是一种非常微妙的计谋，不像其他一些计谋那样可以经常使用，除非你决心一直以坦荡、诚实、胸无城府的形象出现，但这几乎是不可能的。因此，偶尔用一次就够了，可一而不可再。尤其注意不要在同一个人面前反复使用，对方会想：这家伙怎么老没什么长进啊？偶尔为之，下不为例。

同时，在一般情况下，人们如饥似渴地盼望不劳而获，或至少有那样的幻想。所以，在推销过程中，推销员还可以利用人们的这种心理，使用一种诱导物。而这诱导物就是客户购买你产品的理由。

这种诱导物可能是一件很微小的东西——一张街道指南、一张公路地图、一个台历、一件值不了几美元的东西。但它却对一些价值几千美元的大交易的完成起了推动作用。

喜欢牧羊犬的凯文是一名售楼先生，他常常在出售房屋时带着他的小狗。有一天，凯文碰见了一对中年夫妇，他们正在考虑一栋价值 24.8 万美元的房子。他们喜欢那栋房子及周围的风景，但是价格却太高了，这对夫妇不打算出那么多的钱。此外，也有一些方面——如房间的设计、洗手间的空间等，令他们不十分满意。

凯文几乎要放弃了，因为推销成功的希望很渺茫，正当那对夫妇打算告别时，那位太太看见了那只小狗，并问："这只狗会包括在房子里吗？"凯文回答："当然了。没有这么可爱的小狗的房子怎么能算完整呢？"

这位太太说他们最好是买。丈夫看见妻子这么喜欢，也就表示同意了，于是这笔交易就达成了。这栋价值 24.8 万美元的房子的特殊诱导物竟是一只小牧羊犬。

凯文用不同的诱导物——樱桃树或草坪进行试验，来同竞争者的优惠卡相比较。这些诱导物实际上并不值钱，却胜过现实的优点。你怎么都不会想到一只温驯的、会摇尾巴的小狗会促成 24.8 万美元的一笔大交易。

•••••

7. 从客户需求出发，巧妙地介绍你的产品

乔·吉拉德在《将任何东西卖给任何人》一书中有下面一段

表述：

说这句话的人连自己的感觉都不明白。我绝不会忘记我一生中许多让我激动的第一次。我还记得我第一次拿起新电钻的情景。那电钻不是我的，而是邻居的一个小伙伴得到的圣诞礼物。他打开礼物包装时我在旁边，那是一把崭新的电钻。我接过电钻插上电源，不停地到处钻眼。我还记得自己第一次坐进新车的感觉。那时我已经长大了，但以前坐的都是旧车，座位套都有酸臭味了。后来一个邻居在战后买了辆新车，他买回来的第一天我就坐了进去。我绝不会忘记那辆新车的气味。

如果你卖其他的东西，情况就完全不一样了。如果你卖人寿保险，你就无法让客户闻闻或试试，但只要是能动能摸的东西，你就应该让客户试一下。在向男士们推销羊毛外套时，有哪位推销员不让客户先摸摸呢？

所以一定要让客户坐上车试一下，我一向这么做，这会使他产生拥有该车的欲望。即使没成交，以后当他又想买这辆车时，我还可以试着说服他。当我让男客户试车时，我一句话都不说，我让他们试驾一圈。

有专家说过，这时候正应该向他介绍汽车的各种特点，但我不信。我发现自己说的话越少，他就对车闻和摸得越多，并会开口说话。我就希望他开口说话，因为我想知道他喜欢什么、不喜欢什么。我希望他通过介绍自己的工作单位、家庭及住址等帮助我了解他的经济状况。当你坐在副座上时，客户通常会把一切有关情况都讲给你听，这样你向他推销和为他申请贷款所需的情况就都有了。因此，让他驾车是一件必须做的事。

人们爱试试新东西的功能，摸模它及把玩把玩。还记得厂家在加油站搞的减震器演示（你先拉旧减震器的把手，然后再拉新减震器的把手）吗？我相信我们大都体验过，我们都有好奇心。不论你卖什么，你都要想办法演示你的产品，重要的是要确保潜在客户参加产品的演示。如果你能将产品的功能诉诸人们的感官，那你也在将其诉诸人们的情感。我认为，人们购买大部分商品是由于情感而不是逻辑的原因。

一旦客户坐上驾驶台，他十有八九要问往哪儿开，我总是告诉他可以随便开。如果他家在附近，我可能建议从他家门口绕一圈，这样他可以让他妻子和孩子看到这辆车，如果有几位邻居正站在门廊上，他们也能看到这辆车。我希望他让大家看到他开着新车，因为我希望他感觉好像已经买了这辆车而正在展示给大家看，这会有助于他下定买车的决心，因为他可能不希望回家后告诉家人自己没有买这辆便宜车。我不想引客户过分上钩——仅仅一点点。

我不想让客户试车时开得太远，因为我的时间很宝贵。试车人一般都自认为已开得太远了，虽然事实上并不太远，所以我会让客户随意开，如果他认为自己开得有点儿远了，这也会使他感激我。

每一样产品都有它的独特之处，以及和其他同类产品不同的地方，这便是它的特征。产品特征包括一些明显的内容，如尺码和颜色；或一些不太明显的，如原料。从客户最感兴趣的方面出发来介绍产品，才能吸引客户的注意力。

产品的特征可以让客户把你推荐的产品从竞争对手的产品或制造商的其他型号中分辨出来。一位器具生产商可能会提供几个不同款式的冰箱，而每个款式都有些不同的特征。

推销家具时，鼓励客户亲身体验。请他们用手触摸家具表面的纤维或木料，坐到椅子上或到床上躺一会儿。用餐桌布、食具和玻璃器皿布置桌面；整理床铺后，旋转两个有特色的睡枕；安乐椅旁的桌子上摆放一座台灯和一些读物。给客户展示如何从沙发床拖拉出床褥，也可请客户坐到卧椅上，尝试调整它的斜度。

推销化妆品和浴室用品时，提供一些小巧的样品给客户拿回家用；开启并注明哪些是可试用的产品样本；建议客户试用你的产品；把沐浴露或沐浴泡沫放进一盆温水中，让客户触摸它的质感或嗅嗅它的香气。

推销有关食物的东西时，向客户展示怎样使用某种材料或烹调一种食品。派发食谱，陈列几款建议的菜肴，并让客户现场品尝。建议如何把某种食品搭配其他菜式，例如，做一顿与众不同的假日大餐，又或将它制成适合野餐或其他户外活动享用的食物。

8. 让小故事为你的产品添光彩

推销人员要让产品介绍富有诱人的魅力，以激发客户的兴趣，刺激其购买欲望，就要讲究语言的艺术。

美国纽约“成功动机研究”主持人保罗在进行大量研究后发现：优秀的推销人员都会巧妙地利用人们喜欢听故事的心理去取悦客户。

一位推销人员在听到客户询问“你们产品的质量怎样”时，他没有直接回答，而是给客户讲了一个故事：“前年，我厂接到客户的一封投诉信，反映产品质量问题。厂长下令全厂员工自费掏钱坐车到一百公里之外的客户单位，当全厂员工来到客户使用现场，看到由于产品质量不合格而给客户造成很大损失时，感到无比的羞愧和痛心。回到厂里，我们立刻召开了质量讨论会，决定把接到客户投诉的那一天作为‘厂耻日’。结果，当年我厂产品就获得了省优称号。”

推销人员没有直接去说明产品质量如何，但这个故事让客户相信了他们的产质量。可以说，形象、生动的小故事，是推销成功的金钥匙，能迅速打开客户的心灵之门，让客户对你、对产品或服务产生好感，从而诱发购买动机，促进交易的迅速达成。

一家公司生产出了一种新的化妆品，叫作兰牌绵羊油。公司的一位推销员在推销绵羊油的时候，没有向客户讲绵羊油含有多少微量元素，是用什么方法生产出来的，而是讲了一个动人的故事：

很久以前，有一个国王。他是一个美食家，有一个手艺精湛的厨师，能做出香甜可口的饭菜，国王对他十分满意。突然有一天，这位厨师的手莫名其妙地红肿起来了，做出来的饭菜再也不像以前那么好了，国王十分着急，下令御医给厨师治病，可御医绞尽脑汁也弄不清楚这个病是怎么得的。厨师只好含泪离开王宫，开始了自己的流浪生涯。

后来一个好心的牧羊人收留了这位厨师。于是，这位厨师每天和这位牧羊人风餐露宿，放羊为生。放羊时，厨师就躺在草地中，一边回想着过去的故事，一边用手抚摸着绵羊以发泄心中的悲愤。夏天到来的时候他帮助这位牧羊人剪羊毛。

有一天，厨师惊奇地发现自己手上的红肿不知不觉地消退了！他十分高兴，告别了牧羊人，重新来到了王宫外，只见城墙上贴着一张红榜，国王正在面向全国招聘厨师。厨师就揭了皇榜前来应聘，这时人们早已认不出来衣衫褴褛的他了。

国王品尝了他做出的饭菜以后，觉得香甜可口，简直和以前那位厨师做的一样好吃，就把他叫了过来，发现果然是以前的那位厨师。国王就非常好奇地问这位厨师，手上的红肿怎么消退了。厨师说不知道，国王详细地询问了他离开王宫之后的情景，断定是绵羊毛使厨师手上的红肿消退了。

这时，推销员话锋一转，说道："我们就是根据这个古老的故事，开发出了绵羊油。"然后很自然地进行产品推销。

不妨再看看下面这个事例：

彼尔去市场购买一件救生衣。市场上的新救生衣价格都在 40 元以下，就是那种最善于讨价还价的游客，最低也只能压到 36 元。他看到一个游客把价格压到 28 元时，遭到衣贩的斥责。彼尔把这些放在心里仔细琢磨后，顿生一计。

他若无其事地走到衣贩妻子跟前问道："请问这位太太，我想买 1 件新的救生衣，该付多少钱？"他不等对方回答，接着问道："记得前些时候，我只花了 25 元就买了 1 件新的，您是否记得这个摊位在什么地方？"

他说完后，像是现在才注意到这个摊位上的救生衣似的，有礼貌地问衣贩，可否以 25 元 1 件卖给他，他说他欠了一大笔债，妻儿处于饥寒之中。

他的诉苦引得衣贩夫妇大笑起来，衣贩更是唠唠叨叨地抱怨说："如果这样便宜地卖给你，岂不是把我的衬衣都赔进去了？"可是，说归说。终归还是以 25 元 1 件的价格卖给他了。彼尔用虚拟的情景便以最低的价格买到了救生衣，他的聪明就在于虚拟小故事的手法使用得非常恰当。

因此，向客户介绍产品的时候，讲一两个小故事对推销员来说是走向成功推销的一条捷径，只有客户真正了解你所推销的产品，你才可能获得成功。

第九章

Chapter 9

所有成交的秘诀，有一半都在说话里

1. 成功的推销员，不放过任何一个小细节

一位哲人说过："无论做什么事情，你的态度决定你的高度。"在日常工作中，更多的时候，我们需要向自己的工作态度而不是工作能力挑战，即使是小事也要做到最好。

20 世纪 30 年代，英国一个不出名的小镇里，有一个名叫玛格丽特的小姑娘，从小就接受了严格的家庭教育。父亲经常向她灌输这样的思想："无论做什么事情都要力争一流，永远走在别人前头，而不能落后于人。即使是坐公共汽车，你也要永远坐在前排。"

对年幼的孩子来说，父亲的要求可能太高了，但他的教育在以后的年代里被证明是非常宝贵的。正因为从小就受到父亲的"残酷"教育，才培养了玛格丽特积极向上的决心和信心。在以后的学习、生活和工作中，她时时牢记父亲的教导，总是抱着一往无前的精神和必胜的信念，尽自己最大的努力克服一切困难，做好每一件事情，事事必争一流，以自己的行动实践着"永远要坐前排"的人生理念。

玛格丽特不光在学业上出类拔萃，她在体育、音乐、演讲及学校的其他活动中也都一直走在前列，是学生中凤毛麟角的佼佼者之一。当年她所在学校的校长评价她说："她无疑是我们建校以来最优秀的学生，她总是雄心勃勃，每件事情都力争做到最好。"

正因为如此，多年以后，英国乃至整个欧洲政坛上才出现了一颗耀眼的明星，她就是连续 4 年当选为保守党领袖，并于 1979 年成为英国第一位女首相，雄踞政坛长达 11 年之久，被世界政坛誉

为“铁娘子”的撒切尔夫人。

“永远要坐前排”既是对做事态度的极致要求，也是对做事能力的极致挑战。

任何一件很小的事情都可能改变你的命运，做好每一件小事，即使是最小的事情，这是一种工作态度，也是一种精神。

大凡成功的推销员都知道该如何从细微之处打动客户，乔·吉拉德自然也不例外。

吉拉德和客户在一起的时候从不接电话，而且禁止总机把任何电话转进办公室。律师在法庭上从不接电话，医生在做手术时也无暇接电话。吉拉德认为自己跟他们一样重要，因此他也不接电话！吉拉德有一个观点，那就是如果推销员在和客户的谈话中因为接电话而中断谈话，那么客户的购物热情就会一落千丈！

环视吉拉德的办公室，在墙上见不到一幅汽车宣传画。这是不是很奇怪呢？原因何在？吉拉德这样回答这个问题：“那只会让客户困惑！他会提出一些问题，如‘那辆车多少钱？’或‘嗯，乔，也许我该看看那个型号。’但是在我的墙上没有任何东西让他感到困惑或分散他的注意力。我的墙上只有我获得过的奖章。这些奖章会让他知道与他打交道的是个人物。而我之所以是个人物是因为我热情待客。正是这样，我才成为世界最佳汽车推销员。”

当一名客户走进吉拉德的办公室时，他所做的第一件事就是送给客户一枚圆形的纪念章，上面印着一个苹果并写有“我喜欢你”的字样。吉拉德也给他们的妻子和小孩一人赠送一个。然后，孩子们还得到一种心形的气球，上面写着“乔·吉拉德让你满意而归”。

如果一位客户把手伸进口袋找烟，嘴里说着：“我认为我带烟了呢。”吉拉德就会让他等会儿，赶紧从自己的柜子里拿出 15 种牌子的香烟来，问客户说：“你抽什么牌？”如果客户回答是“珀莫”，吉拉德就找出这种烟来，并当着客户的面把烟打开，给他点上火，然后把那包烟塞进他的口袋。如果客户问他：“多少钱？”吉拉德就说：“别傻了。”为什么这样做呢？这是让客户欠自己的人情。

吉拉德在办公室里还有一个酒吧。很多次做生意时都会遇到客户说：“看上去这笔交易不错，乔，但是，我想我得找个酒吧，好好想想。”这时，吉拉德就笑了：“对，我要作重大决定时也需要喝一杯。你喝多少，布朗先生。”他从来不说：“你要喝一杯吗？”因为不管他喝什么，只要报出名字，吉拉德立刻能从柜子里拿出来。

所以，成大事需从点滴小事做起，而成功的推销员，不会放过任何一个小细节，也不会放过任何一个可能的购买对象。

老子曾说：“天下难事，必做于易，天下大事，必做于细。”这句话精辟地指出了想成就一番事业，必须从简单的事情做起，从细微之处入手。

相类似的，20 世纪世界最伟大的建筑师之一密斯·凡·德罗，在被要求用一句话来描述他成功的原因时，他也是只说了一句话：“魔鬼在细节。”他反复强调，如果对细节的把握不到位，无论你的建筑设计方案如何恢宏大气，都不能称之为成功的作品。

可见对细节的作用和重要性的认识，古已有之，中外共见。也就是所谓“一树一菩提，一沙一世界”，生活的一切原本都是由细节构成的。如果一切归于有序，决定成败的必将是微若沙砾的细节，细节的竞争才是最终和最高的竞争层面。

在今天，随着现代社会分工的越来越细和专业化程度的越来越高，一个要求精细化的管理和生活的时代已经到来。

当零售业巨子沃尔玛的年营业总额荣登 2002 年美国乃至世界

企业的第一把交椅时，《财富》杂志记者不无惊叹地写道：“一个卖廉价衬衫和鱼竿的摊贩怎么会成为美国最有实力的公司呢？”

其实，沃尔玛成功没有秘密，仅仅是因为注重了细节。沃尔玛曾经以天天平价著称，但今天人们发现其实它的东西也并不便宜多少，但它的服务却是一流的。例如对于职员的微笑，沃尔玛规定：员工要对 3 米以内的客户微笑，甚至还有个量化的标准：“请对客户露出你的 8 颗牙齿。”

为提高服务，沃尔玛规定员工必须认真回答客户的提问，永远不要说“不知道”。哪怕再忙，都要放下手中的工作，亲自带领客户来到他们要找的商品前面，而不是指个大致方向就了事。正是注重了这些人微的小事、细节，才缔造了强大的沃尔玛帝国。

还有，日本东京贸易公司有一位专门负责为客商订票的小姐，她给德国一家公司的商务经理购买往来于东京、大阪之间的火车票。不久，这位经理发现了一件趣事：每次去大阪时，他的座位总是在列车右边的窗边；返回东京时又总是靠左边的窗口。

经理问小姐其中缘故，小姐笑答：“车去大阪时，富士山在你右边，返回东京时，山又出现在你的左边。我想，外国人都喜欢日本富士山的景色，所以我替你买了不同位置的车票。”就这么一桩不起眼的小事使这位德国经理深受感动，促使他把与这家公司的贸易额由 400 万马克提高到 1200 万马克。

2. 巧妙暗示，让客户尽量说“是”

世界著名推销大师托德·邓肯在推销时，总爱向客户问一些主观答“是”的问题。他发现这种方法很管用，当他问过五六个问题，并且客户都答了“是”，再继续问其他关于购买方面的知识，客户仍然会点头，这个惯性一直保持到成交。

托德·邓肯开始搞不清里面的原因，当他读过心理学上的“惯性”后，终于明白了，原来是惯性化的心理使然。他急忙请了一个内行的心理学专家为自己设计了一连串的问题，而且每一个问题都让自己的准客户答“是”。利用这种方法，托德·邓肯缔结了很多大额保单。

事实上，成功洽谈的核心是运用肯定性语言促使对方说出“是”或“是的”，从正面向对方明确表示购买该商品会给他带来哪些好处。

言词方面的肯定性表现，应该作为内在积极性的流露。所以，要想取得理想的推销成绩，推销员必须从根本上成为一位真正积极的人，应该自觉做到积极的正面性的思考、正面性的发言、正面性的动作，使自己从内到外真正积极起来。

在每个人的心中，没有什么人比自己更亲近、更重要，因而尽可能叫客户的名字可作为成功商谈的一大重点。当然，作为名字的代替，“您”字也应多加运用，而“我”字则应尽量免提。下列是促使洽谈成功的常用话语，应该反复练习，直到能够自然出口。对此多加运用，必能使你的洽谈更加出色。

这种方法后来被称为“6+1 缔结法则”。

“6+1 缔结法则”源自于推销过程中一个常见的现象：假设在你推销产品前，先问客户 6 个问题，而得到 6 个肯定的答案，那么接下来，你的整个推销过程都会变得比较顺畅，当他和你谈产品时，还不断且连续地点头或说“是”的时候，你的成交机遇就来了，他已形成一种惯性。每当我们提一个问题而客户回答“是”的时候，就增强了客户的认可度，而每当我们得到一个“不是”或者任何否定答案时，也降低了客户对我们的认可度。

那么，作为推销员如何让客户说“是”呢？

1. 尽量避免让客户说“不”。

优秀的推销员可以让客户的疑虑统统消失，秘诀就是尽量避免谈论让对方说“不”的问题。而在谈话之初，就要让他说出“是”。推销时，刚开始的那几句话是很重要的，例如，“有人在家吗……我是 ×× 汽车公司派来的。是为了轿车的事情前来拜访的……”“轿车？对不起，现在手头紧得很，还不到买的时候”。

很显然，对方的答复是“不”。而一旦客户说出“不”后，要使他改为“是”就很困难了。因此，在拜访客户之前，首先就要准备好让对方说出“是”的话题。

关键是想办法得到对方的第一句“是”。这句本身虽然不具有太大意义，但却是整个推销过程的关键。

比如，“那你一定知道，有车库比较容易保养车子喽？”除非对方存心和你过意不去。否则，他必须同意你的看法。这么一来，你不就得到第二句“是”了吗？

2. 给予客户积极的暗示。

优秀的推销员一开始同客户会面，就留意向客户做些对商品的肯定暗示。

“夫人，您的家里如装饰上本公司的产品，那肯定会成为邻里当中最漂亮的房子！”

当他认为已经到了探询客户购买意愿的最好的时机，就这样说：“夫人，您刚搬入新建成的高档住宅区，难道不想买些本公司的商品，为您的新居增添几分现代情趣吗？”

优秀的推销员在交易一开始时，利用这个方法给客户一些暗示，客户的态度就会变得积极起来。等到进入交易过程中，客户虽对优秀的推销员的暗示仍有印象，但已不认真留意了。当优秀的推销员稍后再试探客户的购买意愿时，他可能会再度想起那个暗示，而且还会认为这是自己思考得来的呢！

客户经过商谈过程中长时间的讨价还价，办理成交又要经过一些琐碎的手续，所有这些都会使得客户在不知不觉中将优秀的推销员预留给他的暗示当作自己所独创的想法，而忽略了它是来自于他人的巧妙暗示。因此，客户的情绪受到鼓励，定会更热情地进行商谈，直到与推销员成交。

3. 巧妙提问，让客户无法说出不。

英国诗人乔治·英瑞是一位木匠的儿子，虽然当时他很受英国上层社会的尊重，但他从不隐讳自己的出身，这在英国当时虚浮的社会情况下是很少见的。

有一次，一个纨绔子弟与他在某个沙龙相遇。该纨绔子弟非常嫉妒他的才能，企图中伤他，便故意在别人面前高声问道："对不起，听说阁下的父亲是一个木匠？"

"是的。"诗人回答。

"那他为什么没有把你培养成木匠呢？"

乔治微笑着回答："对不起，那阁下的父亲是绅士了？"

"是的！"这位贵族子弟傲气十足地回答。

"那么，他怎么没有把你培养成绅士呢？"

顿时，这个贵族子弟像泄了气的皮球，哑口无言。

在推销的过程中，推销员可以巧妙地提问，让客户无法说出这个"不"字。比如，在现实生活中，"我还要考虑考虑！"这个借口也是可以避免的。

你可这样提问，“您有目前的成就，我想，也是经历过不少大风大浪吧！要是在某一个关头稍微一疏忽，就很可能没有今天的您了，是不是？”不论是谁，只要他或她有一丁点儿成绩，都不会否定上面的话。等对方同意甚至大发感慨后，优秀的推销员就接着说：

或是，“我听很多成功人士说，有时候，事态逼得你根本没有时间仔细推敲，只能凭经验、直觉而一锤定音。当然，一开始也会犯些错误，但慢慢地判断时间越来越短，决策也越来越准确，这就显示出深厚的功力了。犹豫不决是最要不得的，很可能坏大事呢，是吧？”

即使对方并不是一个果断的人，他或她也会希望自己是那样的人，所以对上述说法点头者多，摇头者少。因此下面的话就顺理成章了：

“好，我也最痛恨那种优柔寡断，成不了大器的人。能够和您这样有决断力的人交谈，真是一件愉快的事情。”这样，你怎么还会听到“我还要考虑考虑”之类的话呢？

3. 适时抛出“诱饵”，让客户自愿成交

利用人们的心理引诱客户，只要招数得当，距离成功就很近了。

英国作家威廉姆斯创做出版了一本名为《化装舞会》的儿童读物，要小读者根据书中的启示猜出一件“宝物”的埋藏地点。“宝物”是一只制作极为精美、价格高昂的金质野兔。该书出版后，仿佛一

阵旋风，不但数以万计的青少年儿童，而且各阶层的成年人也怀着浓厚的兴趣，按自己从书中得到的启示到英国各地寻宝。

这次寻宝历时两年多，在英国的土地上留下了无数被挖掘的洞穴。最后，一位 48 岁的工程师在伦敦西北的浅德福希尔村发现了这只金兔，一场群众性探宝的运动才告结束。这时，《化装舞会》已销售了 200 多万册。

过了几年，经过精心策划和构思，威廉姆斯再出新招，写了一本仅 30 页的小册子，描写的是一个养蜂者和一年四个季节的变化，并附有 16 幅精制的彩色图画，书中的文字和幻想式的图画包含着一个深奥的谜语，那就是该书的书名，此书同时在 7 个国家发行。

这是一本独特的没有书名的书，要求不同国籍的读者猜出该书的名字，猜中者可以得到一个镶着各色宝石的金质蜂王饰物，乃无价之宝。

猜书名的办法与众不同，不是用文字写出来，而是要将自己的意思，通过绘画、雕塑、歌曲、编织物和烘烤物的形状，甚至编入电脑程式的方式暗示书名，威廉姆斯则从读者寄来的各种实物中悟出所要传递的信息，再将其转译成文字。

虽然，谜底并不偏涩，细心读过该小册子，十之八九可以猜到，但只有最富于想象力的猜谜者才能获奖。开奖日期定为该书发行一周年之日。届时，他将从一个密封的匣子里取出那唯一写有书名的书，书中就藏着那只价值连城的金蜂饰物。

不到一年，该书已发行数百万册，获奖者是谁还无从知晓，但威廉姆斯本人却早已成为知名人物了。

威廉姆斯成功的关键在于他巧妙地设置了价值连城的“金饵”既勾起了人们的好奇心，又刺激了人们的发财梦，人为地制造了一场“寻宝热”，是一个典型引诱推销的成功例子。

然而，这并不是说引诱推销法只能用于短期促销，也不是说“诱饵”一定要是“宝物”。事实上，如果方法得当，几分真诚、几分关怀，再加上几分“巧心思”，就能够引诱客户成为长期的“忠实追随者”。

适时抛出“诱饵”，吊吊消费者的胃口，让他们自愿成交，这是推销的一个很高的境界。

一位学者访问香港时，香港中文大学的一位教授请他到酒店用餐。落座不久，菜和酒就送上来了。“哎——”学者惊奇地发现送上来的这瓶装饰精美的洋酒已开封过并且只有半瓶，就问教授，教授笑而不答，只示意他看瓶颈上吊着的一张十分讲究的小卡片，上书：×× 教授惠存。

教授见学者仍不解，遂起身拉他来到酒店入口处的精巧的玻璃橱窗前，只见里面陈列着各式的高级名酒，有大半瓶的，也有小半瓶的，瓶颈上挂着标有客户姓名的小卡片。

“这里保管的都是客户上次喝剩的酒。”教授解释道。

酒店怎么还替客户保管剩酒?

回到座位上，教授道出了“保管剩酒”的奥秘。原来这是香港酒店业新近推出的一个服务项目，它一面世就受到广大酒店经营者的青睐，纷纷推出这项新业务。它的成功有很多原因的。

1. 它有助于不断开拓经营业务。酒店为客户保管剩酒后，这些客户再用餐时。就多半会选择存有剩酒的酒店，而客户喝完了剩酒之后，又会要新酒，于是又可能有剩酒需酒店代为保管，下次用餐就又会优先选择该店……如此循环往复，不断开拓酒店的生意，吸引客户成为酒店的固定客户。

2. 有助于激发客户的高级消费欲望。试想：稍有身份的客户，肯定不愿让写有自己名字的卡片吊在价廉质次的酒瓶上，曝光于众目睽睽之下。于是，客户挑选的酒越来越高级，有效地刺激了客户的消费水平。

3. 有助于提高酒店声誉。试问，连客户喝剩的酒都精心保管的酒店，服务水平会低吗？经营作风难道还不诚实可靠吗？

保存剩酒使客户感受到宾至如归的亲切感，客户光顾酒店的次数自然越来越多。

同时，抓住人性，引诱客户的推销方式数不胜数，各有其妙。有奖推销，附赠礼品，发送赠券、优惠券等，都是引诱推销法的具体运用，唯一不变的是以“利”、以“情”引诱客户成为其忠实客户。

一次，百货公司的一个推销经理向一订货商推销一批货物。

在最后摊牌时，订货商说：“你开的价太高，这次就算了吧。”

推销经理转身要走时，忽然发现订货商脚上的靴子非常漂亮。

推销经理由衷赞美道：“您穿的这双靴子真漂亮。”

订货商一愣，随口说了声“谢谢”，然后把自己的靴子夸耀了一番。

这时，那个推销经理反问道：“您为什么买双漂亮的靴子，却不去买处理鞋呢？”

订货商大笑，最后双方握手成交。

所以，没有卖不出去的商品，关键是看推销员推销技巧的高低。找到合适的办法，引诱客户，往往让客户更容易接受你，从而达成交易。

4. 保留适当的余地，是为了促成交易

在推销的时候，推销员要保留一定的成交余地，也就是要保留一定的退让余地。

任何交易的达成都必须经历一番讨价还价，很少有一项交易是按卖主的最初报价成交的。尤其是在买方市场的情况下，几乎所有的交易都是在卖方做出适当让步之后拍板成交的。因此，推销员在成交之前如果把所有的优惠条件都一股脑地端给客户，当客户要你再做些让步才同意成交时，你就没有退让的余地了。所以，为了有效地促成交易，推销员一定要保留适当的退让余地。

有时进行到了这一步，当推销人员要求客户下订单的时候，客户可能还会有另外没有解决的问题提出来，也可能他有顾虑。

想一想：我们前面更多地探讨的是如何满足客户的需求，但现在，需要客户真正作决定了，他会面临决策的压力，他会更好地询问与企业有关的其他顾虑。

比如，如果客户最后没作决定，在推销人员结束谈话前，千万不要忘了向客户表达真诚的感谢：

“马经理，十分感谢您对我工作的支持，我会与您随时保持联系，以确保您愉快地使用我们的产品。如果您有什么问题，请随时与我联系，谢谢！”

同时，推销员可以通过说这样的话来促进成交：

“为了使您尽快拿到货，我今天就帮您下订单可以吗？”

“您在报价单上签字、盖章后，传真给我就可以了。”

“马经理，您希望我们的工程师什么时候为您上门安装？”

“马经理，还有什么问题需要我再为您解释呢？如果这样，您希望这批货什么时候到您公司呢？”

“马经理，假如您想进一步商谈的话，您希望我们在什么时候可以确定？”

“当货到了您公司以后，您需要上门安装及培训吗？”

“为了今天能将这件事确定下来，您认为我还需要为您做什么事情？”

“所有事情都已经解决，剩下来的，就是得到您的同意了（保持沉默）。”

“从公司来讲，今天就是下订单的最佳时机，您看怎么样（保持沉默）？”

一旦推销人员在电话中与客户达成了协议，需要进一步确认报价单、送货地址和送货时间是否准备无误，以免出现不必要的误会。

因此，在推销的过程中，推销员要给自己和客户都保留余地，以免陷入进退两难的境地。具体来说，推销员可以这样做：

1. 推销时留有余地很容易诱导客户主动成交。

诱导客户主动成交，即设法使客户主动采取购买行动，这是成交的一项基本策略。一般而言，如果客户主动提出购买，说明推销员的说服工作十分奏效，也意味着客户对产品及交易条件十分满意，以致客户认为没有必要再讨价还价，因而成交非常顺利。

所以，在推销过程中，推销员应尽可能诱导客户主动购买产品，这样可以减少成交的阻力。

2. 让客户觉得成交是他自己的主意，而非别人强迫。

推销员要努力使客户觉得成交是他自己的主意，而非别人强迫。通常，人们都喜欢按照自己的意愿行事。由于自我意识的作用，对于别人的意见总会下意识地产生一种“排斥”心理，尽管别人的意见很对，也不乐意接受，即使接受了，心里也会感到不畅快。

因此，推销员在说服客户采取购买行动时，一定要让客户觉得这个决定是他自己的主意。这样，在成交的时候，他的心情就会十分舒畅而又轻松，甚至为自己做了一笔合算的买卖而自豪。

3. 不要为了成交，答应自己做不到的要求。

不要为了让你的客户一时做出购买的决定，而对他们做出你根本无法达到的承诺。因为这种做法最后只会让你丧失你的客户，让客户对你失去信心，那是绝对得不偿失的。

事实上，许多推销员在成交的最后过程中，为了能使客户尽快地签单或购买产品，而无论客户提出什么样的要求他们都先答应下来，而到最后当这些承诺无法被满足的时候，却发现绝大多数的情况下会造成客户的抱怨和不满，甚至会让客户取消他们当初的订单。

而且当这种事情发生时，我们所损失的不是只有这个客户，而是这个客户以及他周边所有的潜在客户资源。

5. 适当暴露产品缺陷，反而促进你成交

美国康涅狄格州的一家仅招收男生的私立学校校长知道，为了争取好学生前来就读，他必须和其他一些男女合校的学校竞争。在和潜在的学生及学生家长碰面时，校长会问：“你们还考虑其他哪

些学校？”通常被说出来的是一些声名卓著的男女合校学校。校长便会露出一副深思的表情，然后他会说：“当然，我知道这个学校，但你想知道我们的不同点在哪里吗？”

接着，这位校长就会说：“我们的学校只招收男生。我们的不同点就是，我们的男学生不会为了别的事情而在学业上分心。你难道不认为，在学业上更专心有助于进入更好的大学，并且在大学也能很成功吗？”

在招收单一性别学校越来越少的情况下，这家专收男生的学校不但可以存活，并且生源很不错。

“人云亦云”的推销者懒惰、缺乏创意，而杰出推销员总是能找出自己产品与竞争产品不同的地方，并自然地让客户看到、感受到，从而让客户改变主意，购买自己的产品。既要讲产品的特色，也要明确讲出产品的缺点。

更重要的是，这些成功的推销员在介绍产品特性的时候，从来不可以隐瞒产品的缺陷，更不会欺骗客户。

或许有人会问，俗话说“家丑不可外扬”，对推销员来说，如果把自己产品的缺点讲给客户，无疑是在给自己的脸上抹黑，连王婆都知道自卖自夸，见多识广的优秀的推销员怎么能不夸自己的产品呢？

其实，宣扬自己产品的优点固然是推销中必不可少的，但这个原则在实际执行中是有一定灵活性的——就是在某些场合下，对某些特定的客户，只讲优点不一定对推销有利。在有些时候，适当地把产品的缺点暴露给客户，是一种策略，一方面可以赢得客户的信任。

另一方面也能淡化产品的弱势而强化优势。适当地讲一点儿自己产品的缺点，不但不会使客户退却，反而能赢得他的深度信任，从而更乐于购买你的产品。因为每位客户都知道，世上没有完美的产品，就好像没有完美的人，每一件产品都会有缺点，面对客户的疑问，要坦诚相告。

一个不动产推销员，有一次他负责推销一个市区南城的一幢房子，面积有 120 平方米，靠近车站，交通非常方便。但是，由于附近有一座钢材加工厂，铁锤敲打声和大型研磨机的噪音不能不说是个缺点。

尽管如此，他打算向一位住在这个城市工厂区道路附近，在整天不停的噪声中生活的人推荐这幢房子。原因是其位置、条件、价格都符合这位客人的要求，最重要的一点是他原来长期住在噪音大的地区，已经有了某种抵抗力，他对客人如实地说明情况并带他到现场去看。

他说："实际上这幢房子比周围其他地方便宜得多，这主要是由于附近工厂的噪音大，如果对这一点并不在意的话，其他如价格、交通条件等都符合您的愿望，买下来还是合算的。"

这位客户却毫不在意地说："您特意提出噪音问题，我原以为这里的噪音大得惊人呢，其实这点儿噪音对我来讲不成问题，这是由于我一直住在 10 吨卡车的发动机不停轰鸣的地方。况且这里一到下午 5 时噪音就停止了，不像我现在的住处，整天震得门窗咔咔响，我看这里不错。其他不动产商人都是光讲好处，像这种缺点都设法隐瞒起来，您把缺点讲得一清二楚，我反而放心了。"

不用说，这次交易成功了，那位客人从工厂区搬到了南城。

优秀的推销员为什么讲出自己产品的缺点反而成功了呢？因为这个缺点是显而易见的，即使你不讲出来，对方也一望即知，而你把它讲出来只会显示你的诚实。而这是推销员身上难得的品质，会使客户对你增加信任，从而相信你向他推荐的产品的优点也是真的。最重要的是他相信了你的人品，那就好办多了。

6. 及时领会客户的想法，为成交做好准备

成交是推销的目的，要想顺利成交，就要及时领会客户的想法，积极为成交做好准备。

华莱士是A公司的推销员，A公司专门为高级公寓小区清洁游泳池，还包办景观工程。B公司的产业包括12幢豪华公寓大厦，华莱士已经向他们的资深董事华威先生说明了A公司的服务项目。开始的介绍说明还算顺利，紧接着，华威先生有意见了。

场景一：

华威："我在其他地方看过你们的服务，花园很漂亮，维护得也很好，游泳池尤其干净；但是一年收费十万元？太贵了吧！我付不起。"

华莱士："是吗？您所谓'太贵了'是什么意思呢？"

华威："说真的，我们很希望从年中，也就是6月1号起，你们负责清洁管理，但是公司下半年的费用通常比较拮据，半年的游泳池清洁预算只有三万八千元。"

华莱士："嗯，原来如此。没关系，这点我倒能帮上忙，如果您愿意由我们服务，今年下半年的费用就三万八千元；另外六万两千元明年上半年再付，这样就不会有问题了，您觉得呢？"

场景二：

华威："我对你们的服务质量非常满意，也很想由你们来承包；

但是，十万元太贵了，我实在没办法。”

华莱士：“谢谢您对我们的赏识。我想，我们的服务对你们公司的确很适用，您真的很想让我们接手，对吧？”

华威：“不错。但是，我被授权的上限不能超过九万元。”

华莱士：“要不我们把服务分为两个项目，游泳池的清洁费用四万五千元，花园管理费用五万五千元，怎样？这可以接受吗？”

华威：“嗯，可以。”

华莱士：“很好，我们可以开始讨论管理的内容……”

场景三：

华威：“我在其他地方看过你们的服务，花园弄得还算漂亮，维护修整上做得也很不错，游泳池尤其干净；但是一年收费十万元？太贵了吧！”

华莱士：“是吗？您所谓‘太贵了’是什么意思？”

华威：“现在为我们服务的C公司一年只收八万元，我找不出要多付2万元的理由。”

华莱士：“原来如此，但您满意现在的服务吗？”

华威：“不太满意，以氯处理消毒来说，我还勉强可以接受，但花园就整理得不尽理想；我们的住户老是抱怨游泳池里有落叶；住户花费了那么多，他们可不喜欢住的地方被弄得乱七八糟！虽然给C公司提了很多遍了，可是仍然没有改进，住户还是三天两头打电话投诉。”

华莱士：“那您不担心住户会搬走吗？”

华威：“当然担心。”

华莱士：“你们一个月的租金大约是多少？”

华威：“一个月三千元。”

华莱士:“好，这么说吧！住户每年付您三万六千元，您也知道好住户不容易找。所以，只要能多留住一个好住户，您多付两万元不是很值得吗？”

华威:“没错，我懂你的意思。”

华莱士:“很好，这下，我们可以开始草拟合约了吧。什么时候开始好呢？月中，还是下个月初？”

尽管华莱士先生运用的说话技巧不同，但是唯一相同的是，他时刻关注华威先生的每一句话，从中领回话中的真实含义。然后，他在积极地解决问题，满足客户的需求，如此一来，自然成交就不是问题了。

因此，推销过程中及时领会客户的意思非常重要。只有及时领会了客户的意思，推销员才能及时做好准备，才能为下一步的顺利进行创造条件。

再看看下面这个事例:

詹姆斯先生想买几条好烟，在一家商店里看中了一个品牌的香烟，便开始与店主讨价还价。

“这种香烟最低价是多少？”

“8 元 1 包。”

“我要是搞批发呢？”

“如果买得多的话，就 7 元 8 角 1 包。”

“我在别的商店里看到零售价才 7 元 8 角 1 包。”

“不会的，所有商店里的香烟价钱都一样，如果你认为那边价低，可以去那边买。”

“让我看看你的烟。”詹姆斯先生拿过 1 条香烟，装着研究的模样，过了一会儿说:“你这烟好像是假的。”

“怎么可能呢？这是真烟。”店主像是被揭了自己的短处，迷惑地眨着眼睛。

詹姆斯察觉店主不识烟，道：“请你打开一包看看。”

詹姆斯接过烟，抽出一支，指着烟丝说：“你看这烟丝，黄中带黑。这个牌子的真的烟丝是金黄金黄的。”

詹姆斯点着烟吸了一口说：“你抽抽这烟是什么滋味。真正的烟应该有一种清凉感。”

店主在他的再三攻击下，真以为自己进了假烟，詹姆斯乘机以50元1条的价格买了5条香烟。

7. 把握成交的信号，否则只能错过良机

美国将领麦克阿瑟说：“战争的目的在于赢得胜利。”推销的目的就在于赢得交易，成交是推销人员的根本目标，如果不能达成交易，整个推销活动就是失败的。

所谓成交，就是推销人员诱导客户达成交易，使客户购买产品的行为过程。

而在心理学上，有一个名词叫作“心理上的适当瞬间”，它在推销工作中的特定含义是指客户与推销人员在思想上达到完全一致的时机，即在某一瞬间买卖双方的思想是协调一致的，此时是达成交易的最好时机。

把握成交时机对于一个推销人员来说是至关重要的。过早或过晚都会影响成交的质量和成败，促成交易。

作为推销员，你首先应捕捉住成交的时机。成交时机到时，必定

伴随着许多有特征的变化和信号，推销人员应富于警觉并善于感知他人态度的变化，能及时根据这些变化和信号来判断“火候”和“时机”。

一般情况下，客户的购买兴趣是“逐渐高涨”的，且在购买时机成熟时，客户的心理活动趋向明朗化，并通过各种方式表露出来，也就是向推销人员发出各种成交的信号。

同时，成交信号是客户通过语言、行为、情感表露出来的购买意图信息。成交信号有些是有意表示的，有些则是无意流露的，这些都需要推销人员及时发现。

客户的语言、面部表情和一举一动，都在表明他们的想法。从客户明显的行为上，也完全可以判断出他们是急于购买还是抵制购买。推销人员要及时发现、理解、利用客户表露出来的成交信号，这并不十分困难，其中大部分也能靠常识解决，关键需要推销人员的细心观察和体验，同时还要积极诱导。当成交信号发出时，要及时捕捉，并迅速提出成交要求。

譬如，当一位客户提到她的孩子都在私立学校就读时，房地产经纪人就应该明白，所推销的住宅小区的学校质量问题对客户无关紧要。同样，当客户说：“我们不属于那种喜欢户外活动的人。”房地产经纪人就应该让他们看一些占地较小的房屋。

股票经纪人尤其应该成为好听众，因为他们主要通过电话做推销。比如，当客户询问每一家推荐公司的股息情况时，一位善于观察的经纪人就应该意识到自己必须强调投资的收益。

很显然，对于推销人员来说，客户的某些语言信号不仅有趣，而且肯定地预示着成交有望。

当然，认真地聆听客户的谈话，并不代表这种聆听没有目标，只是泛泛地听。一个善于聆听的推销员，应该能够在聆听的过程中尽早听出客户有关购买意愿的信号。只有这种能够捕捉到有效信号的聆听才称得上是有效的聆听。

相信下面典型的例子将会给你带来深刻的启发：

“我认为市场调查可以结束他们的争论，”阿姆斯说，“我建议这样做，他们也同意了。我们有事实依据在手，提交的不是你或他的个人意愿，而是调查结果，我们赢得了这笔生意。”

依通常标准，有严重的语言功能障碍的亨利·阿姆斯，他根本不可能做推销人员。

但亨利的确是个极优秀的推销人员。他很少开口，高谈阔论对他来说有困难，潜在客户听起来更困难，但他会提出问题，引导客户之间的相互讨论，进而为客户提供更好的解决方案，让客户相信他，他只用有限的话语达成一笔交易，更多的推销人员应该从中借鉴一点儿经验。

8. 推销，还应该在成交之后

有位大厦清洁公司的推销员刘先生，当一栋新盖的大厦完成时，马上跑去见该大厦的业务主任，想承揽所有的清洁工作，例如，各个房间地板的清扫、玻璃窗的清洁、公共设施、大厅、走廊、厕所等所有的清理工作。

当刘先生承揽到生意，办好手续，从侧门兴奋地走出来时，一不小心，把消防用的水桶给踢翻，水泼了一地，有位事务员赶紧拿着拖把将地板上的水拖干。这一幕正巧被业务主任看到，他心里很不舒服，就打通电话，将这次合同取消，他的理由是：“像你这种年纪的人，还会做出这么不小心的事，将来实际担任本大厦清扫工作的人员，更不知会做出什么样的事来，既然你们的人员无法让人放心，所以我认为还是解约的好。”

非常可惜，这位推销员因为生意谈成，高兴得昏了头，而做出把水桶踢翻之类的事，结果使得谈成的生意又变泡影，煮熟的鸭子又飞了。

这种失败的例子，也可能发生在保险业的推销员身上，例如，当保险推销员向一位妇人推销她丈夫的养老保险，只要说话稍不留神，就会使成功愉快的交易，变成怒目相视的拒绝往来户。

“现在你跟我们订了契约，相信你心里也比较安心点儿了吧？”

“什么！你这句话是什么意思，你好像以为我是在等我丈夫的死期，好拿你们的保险金似的，你这句话太不礼貌了！”

于是洽谈决裂，生意也做不成了。

所以，这里需要提醒大家的是，当生意快谈拢或成交时，千万要小心应付。那么，我们应该注意哪些问题呢？

1. 成交后，不必再花时间与客户闲聊。

所谓小心应付，并不是过分逼迫人家，只是在双方谈好生意，客户心里放松时，推销员最好少说几句话，以免搅乱客户的情绪。此刻最好先将摊在桌上的文件，慢慢地收拾起来，不必再花时间与客户闲聊。

因为与客户聊天时，有时也会使客户改变心意，如果客户说：“嗯！刚才我是同意了，现在我想再考虑一下。”那你所花费的时间和精力就白费了。

2. 成交之后，推销工作仍要继续进行。

专业推销员的工作始于他们听到异议或“不”之后，但他真正的工作则开始于他们听到“可以”之后。

永远也不要让客户感到专业推销员只是为了佣金而工作。不要让客户感到专业推销员一旦达到了自己的目的，就突然对客户失去了兴趣，转头忙其他的事去了。如果这样，客户就会有失落感，那么他很可能会取消刚才的购买决定。

3. 对客户表示再次称赞和感谢。

对有经验的客户来说，他对一件产品发生兴趣，但他往往不是当时就买。专业推销员的任务就是要创造一种需求或渴望，让客户参与进来，让他感到兴奋，在客户情绪到达最高点时，与他成交。但当客户的情绪低落下来时，当他重新冷静时，他往往会产生后悔之意。

很多客户在付款时，都会产生后悔之意。不管是一次付清还是分期付款，总要犹豫一阵才肯掏钱。一个好办法就是：寄给客户一张便条、一封信或一张卡片，再次称赞和感谢他们。

4. 定期与客户联系，让客户为你介绍更多新客户。

作为一名真正的专业推销员，他不会卖完东西就将客户忘掉，而是定期与客户保持联系，客户会定期得到他提供的服务的。而老客户也会为你介绍更多的新客户。

“猎犬计划”是著名推销员乔·吉拉德在他的工作中总结出来的。主要观点是：作为一名优秀的推销员，在完成一笔交易后，要想方设法让客户帮助你寻找下一位客户。

吉拉德认为，干推销这一行，需要别人的帮助。吉拉德的很多生意都是由“猎犬”（那些会让别人到他那里买东西的客户）帮助的结果。吉拉德的一句名言就是：“买过我汽车的客户都会帮我推销。”

在生意成交之后，吉拉德总是把一叠名片和“猎犬计划”的说明书交给客户。说明书告诉客户：如果他介绍别人来买车，成交之后，每辆车他会得到25美元的酬劳。

几天之后，吉拉德会寄给客户感谢卡和一叠名片，以后至少每年他会收到吉拉德的一封附有“猎犬计划”的信件，提醒他吉拉德的承诺仍然有效。如果吉拉德发现客户是一位领导人物，其他人会听他的话，那么，吉拉德会更加努力促成交易并设法让其成为“猎犬”。

实施“猎犬计划”的关键是守信用——一定要付给客户25美元。

1976年，“猎犬计划”为吉拉德带来了150笔生意，约占总交易额的1/3。吉拉德付出了1400美元的“猎犬”费用，收获了7.5万美元的佣金。